Angelina Schulze

Tarot Liebe, Beruf, Finanzen und die Zukunft vorhersagen

Legesysteme zum Tarot-Orakel für jedes Deck der Tarotkarten

Rechtliche Hinweise

Umschlaggestaltung und Bilder: Angelina Schulze

Autorin: © 2016 Angelina Schulze

Layout und Satz: Angelina Schulze

Korrekturlesen: Daniela Jungmeyer

Verlag:

Angelina Schulze Verlag
Vor dem Walde 9
38268 Lengede

Schulze-Verlag@gmx.de

http://www.angelina-schulze.com

1. Auflage Juni 2016
ISBN: 978-3-943729-45-0

Inhaltsverzeichnis

Einleitung

In diesem Buch geht es um die Zuordnung der Deutungen im Tarot und den Bereichen der Liebe, des Berufes und der Finanzen. Dazu gleich am Anfang noch meine Tipps und Deutungshilfen, die ein Motiv der Karte leichter verstehen lassen, um deren Deutung daraus abzuleiten. Außerdem noch die Anwendung in kleinen Legungen, sodass du gleich loslegen und die Deutungen für dich und deine Kunden verwenden kannst. Ich werde dich ab sofort dann auch mit Du ansprechen, da Kartenlegen etwas sehr Persönliches ist und ich diesen „DU"-Sprachton einfach gewohnt bin. So mache ich dies nun auch hier in diesem Deutungsbuch. Ich hoffe, es ist in Ordnung für dich.

Die abgebildeten Karten auf dem Buchcover sind aus den Kartendecks:

Tarotkarten by Angelina für Anfänger
Tarot mit Deutungstexten auf jeder Karte für einen leichteren Start
EAN: 4280000272759
24,95 Euro

und den

Tarotkarten Artdesign Osorio
EAN: 4280000292766
24,95 Euro

Während ich noch an diesem Buch geschrieben habe, ist das Tarotkartendeck Osorio bereits auch noch für Anfänger erschienen und hat nun ebenfalls die Deutungshilfen mit Texten auf den Karten aufgedruckt.

Tarotkarten Artdesign Osorio für Anfänger
EAN: 4280000292568
24,95 Euro

Tipp – Fragen, die du dir beim Deuten der Karte stellen kannst:

Welches Element ist auf der Karte?

(Elemente sind zum Teil auch auf der großen Arkana zu sehen)

- Große Arkana = ein sehr wichtiges Thema
- Kelch = Gefühle
- Schwert = Verstand, Wissen nutzen, etwas planen oder klären
- Münze = Materielles, Talente, Sicherheit, Ergebnisse
- Stab = Tatkraft, Bewegung, Aktivität

Welche Zahl befindet sich auf der Karte?

- 1 = Anfang, Chancen, Idee/Geistesblitz, erster Impuls
- 2 = Empfindlichkeit, 2 Möglichkeiten, Polarität, Gegensätze
- 3 = Kreativität, Wachstum, Entwicklung
- 4 = Stabilität, Verfestigung, Begrenzung, Sturheit, Sicherheit
- 5 = Herausforderung, Krise, Konflikt, Disharmonie
- 6 = Gleichgewicht, Teilen, Hilfe, Vereinigung, Harmonie
- 7 = Risiko, Probe, auf der Suche, schwankend
- 8 = Veränderung, Bewegung, Willensstärke, Achtsamkeit
- 9 = Vertiefung, Blick nach innen, Abschließen
- 10 = Erfüllung, Vollendung
- 0 oder 22 = Neuanfang, alles noch offen, neugierig, schwankend

Welche Farben sind überwiegend auf der Karte?

- Dunkel, schwarz = Düster, Trauer, Sorgen, schwermütig, einsam, Seriosität, Würde, Eleganz

- Weiß = Reinheit, Frieden, Licht, Leichtigkeit, Unschuld, Weisheit, Leere, Anfangszustand, Winterzeit

- Gelb = Lebensfreude, Lebenskraft, Wärme, Licht, Wachheit, Kreativität, Optimismus, Vergnügen, Sommerzeit

- Orange = Lebensfreude, Lebenskraft, Wärme, Vergnügen, Genuss, Geselligkeit

- Rot = Power, Kraft, heiß, Leidenschaft, Liebe, Erotik, Aktivität, Wille, Entschlossenheit, Gefahr, Temperament, Wut, Zorn

- Blau = Kühl, Ruhe, Stille, Entspannung, beruhigend, Konzentration, Treue, loyal, Wahrheit, Melancholie, Sehnsucht, Unbewusstes, Unbekanntes

- Grün = Natur, Wachstum, Heilung, Wohlstand, Glück, Erfolg, Fruchtbarkeit, Harmonie, Hoffnung, Erneuerung, Zuversicht, Frühlingszeit

- Braun = Erdung, Vertrauen, Sicherheit, Stabilität, Herbstzeit

- Grau = langweilig, sachlich, schlicht, neutral

Welche Farben hat der Himmel bzw. die Wolkenart?

Zeigt die Stimmung / Atmosphäre an =
hell und freundlich oder stürmisch oder düster …

- Klar = Klarheit

- Blau = Ferne, Weite und Unendlichkeit

- Wolken = Vernebelt, nicht klar erkennen können

- Regenbogen = alles wieder gut, die Sonne scheint wieder

Deutungsebenen mit den Tarotkarten

Achte auf die **Personen** auf der Karte (sofern welche vorhanden).

Wie ist der **Gesichtsausdruck**?

- Freundlich, lachend, traurig, bedrückt, verbittert, ängstlich ...

Wie ist die **Haltung der Person**?

- Offen, verschlossen, starr, in Bewegung, selbstbewusst ...

Ist etwas im **Rücken der Person**?

- Dies will sie nicht sehen (der Schatten) oder hat sie bereits hinter sich gelassen.

Schaut die Person auf etwas?

- Dies liegt vor ihr oder da will sie hin.

Gibt es Tiere oder weitere Symbole auf der Karte?
(Ein paar Beispiele)

- Auge = Sehen, Einsicht, Wahrnehmung
- Berg oder Mauer oder Zaun = Probleme, Hindernisse, Herausforderungen, Abgrenzung
- Blumen = Freude, Geschenke, Kreativität
- Boot oder Schiff = Fahrt, Reise, Vorwärtskommen, neue Ziele
- Fesseln = Einschränkung, Begrenzung, Feststecken
- Flügel = Fliegen können, Freiheit, Leichtigkeit
- Haus = Zuhause, willkommen sein
- Hund = Instinkte, Triebe, Treue, Freundschaft
- Löwe = Kraft, Mut, Stärke, Autorität
- Mond = Ängste, Intuition, Träume
- Nackig = Schutzlos, verletzlich, offen, alles zeigen, Natürlichkeit
- Pferde = Fortbewegung
- Schnecke = langsam, behutsam, Rückzug, Ungeduld
- Wasser = Gefühle, es fließt

Auf meiner Website im Blog zu den Tarotkarten gibt es auch noch weitere Informationen über die Tarotkarten, Videos zu den Kartendecks und auch die Möglichkeit, dass du dort online die Tarotkarten ziehen kannst und mit der Maus über die Karte fährst und dann auch eine Deutung eingeblendet wird.

www.tarot78.de

oder mit dem gleichen Inhalt auch:

www.tarotkarten-bedeutung.info

Deutungen

der Tarotkarten

zur Liebe,

dem Beruf

und den Finanzen

0 (22) - Der Narr

Quintessenz: Unvoreingenommen auf das Neue zubewegen, allerdings könnte es auch etwas chaotisch werden. Es leichtnehmen, bis sich eine gewisse Struktur (22 = 4 Der Herrscher) einstellt.

Das Bild: Der Narr zeigt ein unbekümmertes, leichtsinniges, neugieriges und auch sorgloses (naives) Verhalten an. Die offenen Arme zeigen die Offenheit. Die Farbe Weiß (Sonne, Rose, Hund, Berggipfel) steht für die Reinheit, Unschuld. Der Hund warnt vor dem Abgrund / der Gefahr (Instinkte, Hilfe).

Worum geht es: Eine neue Lebensphase beginnt und dafür offen und neugierig durch die Welt gehen und spontan handeln. Manchmal gibt es Überraschungen oder auch Chaos.

Beziehung: Unbekümmert, locker, spontan, lebendig, offen, neue Liebe oder Neuanfang in der bestehenden Beziehung.

Beruf: Neuanfang, unerfahren, sich ausprobieren, offen sein.

Finanzen: Sorglose Zeit und sich keine Gedanken ums Geld machen. Es locker sehen bzw. kann das Geld auch locker sitzen und man neigt zu leichtfertigen Ausgaben oder geht naiv mit dem Geld um.

Zeit: Am Anfang stehen, die Zeit beginnt „jetzt".

Dies tun = Ratschlag: Neues ausprobieren, es leichtnehmen.

1 - Der Magier

Quintessenz: Jetzt ist die Zeit, um Pläne umzusetzen und geschickt (mit seinen Fähigkeiten) die Aufgaben zu meistern. Aktives vorgehen, loslegen. Andere verzaubern bzw. faszinieren.

Das Bild: Freundliche Farben für die positiven Energien. Auf dem Tisch liegen die 4 Elemente (Schwert, Stab, Kelch, Münze), welche die Aufgaben und Fähigkeiten (Gedanken, Handeln, Gefühle, Körper bzw. Ergebnisse) anzeigen. Die Person zeigt die Haltung eines Meisters / Magiers (der verzaubert).

Worum geht es: Jetzt etwas in Gang setzen, die Initiative ergreifen, sich seiner Talente bewusst sein und sie einsetzen.

Beziehung: Verzaubern, Anziehungskraft, positiv gestalten.

Beruf: Viel Geschick und Talente, Meisterschaft, entschlossen.

Finanzen: Talent, mit dem Geld richtig umzugehen und finanzieller Erfolg = Gewinne.

Zeit: Der Beginn, am Anfang. Morgen = 1 Tag, maximal 1 Woche.

Dies tun = Ratschlag: Zeit zu handeln und entschieden seinen Weg zu gehen und dabei die eigenen Fähigkeiten nutzen.

2 - Die Hohepriesterin

Quintessenz: Sich auf die innere Stimme (Intuition) verlassen bzw. von ihr leiten lassen, wann und wo der richtige Zeitpunkt gekommen ist. Geduldig abwarten und bereithalten und anderen Verständnis zeigen.

Das Bild: Die Frau (weiblich, empfänglich) sitzt in der Mitte (neutral, Ausgleich) zwischen den Polen schwarz und weiß. Sie trägt einen Schleier (geheimnisvoll) und hält die TORA / Schriftrolle (Wissen) in ihrem Schoß.

Worum geht es: Verständnis zeigen, Vertrauen auf die Intuition (unbewusste Kräfte) und das Wissen in einem.

Beziehung: Fürsorge, Hingabe, verstehen, seelenverwandt, geheimnisvoll, Einfühlungsvermögen.

Beruf: Sich führen lassen, intuitive Fähigkeiten, Hingabe, helfen.

Finanzen: Anderen finanziell unter die Arme greifen oder gutes Gespür in Geldangelegenheiten haben. Vielleicht auch ein Geheimnis um seinen Besitz, das Geld machen.

Zeit: Auf die innere Stimme hören, bis dahin abwarten.

Dies tun = Ratschlag: Auf das Bauchgefühl (Intuition) achten und erst entscheiden, wenn eine innere Klarheit vorhanden ist.

3 - Die Herrscherin

Quintessenz: Hier wird der fruchtbare Boden betreten. Dabei der Natur ihren Lauf lassen (bis der richtige Zeitpunkt da ist) und das Thema so lange gelassen und vertrauensvoll pflegen, bis es schließlich lebendig wird und wächst.

Das Bild: Die Frau und das Venuszeichen (Weiblichkeit) und der Wald im Hintergrund. Sie ist die Mutter der Natur. Auch die Weizenähren unten auf der Karte stehen für die Natur, den fruchtbaren Boden (Fruchtbarkeit) und vor allem für Wachstum.

Worum geht es: Muttergefühle (sich liebevoll um etwas kümmern), Lebensfreude, Kreativität, einen fruchtbaren Boden betreten, vertrauen ins Leben und das Wachstum, gelassen sein.

Beziehung: Mutter werden oder sein, Lebendigkeit, die Liebe blüht auf und wächst, Geborgenheit, mütterlich – umsorgen.

Beruf: Kreative Aufgaben, gute Entwicklung, sich entfalten können, aussichtsreich, Abwechslung (Lebendigkeit).

Finanzen: Durch Kreativität zu Geld und Vermögen kommen. Wachstum, es entwickelt sich gut.

Zeit: Erntezeit = im Herbst, ggf. auch Mitte / Ende Sommer.

Dies tun = Ratschlag: Gelassen sein und zurück in die Kreativität kommen und auf den natürlichen Lauf der Dinge vertrauen. Mit Geduld wird sich Neues lebendig entwickeln.

4 - Der Herrscher

Quintessenz: Packe es realistisch und konsequent an. Behalte dabei den roten Faden im Auge und bringe Ordnung / Struktur rein. Durchaus auch der Vorreiter sein (Erster sein).

Das Bild: Ein Mann trägt eine Krone und ein Zepter in der Hand (Herrschaft, autoritär). Er sitzt auf einem rechteckigen, steinernen Thron (Struktur, Ordnung), den 4 Widderköpfe zieren. Der männliche Widder, der loslegt (Erster sein), verwirklichen und führen will. Gegenpart zur Herrscherin (Mutter), also der Vater.

Worum geht es: Um Verantwortung, Ordnung und konsequent etwas zu verwirklichen. Der eigene Herrscher in seinem Leben sein, die innere Kraft, um Neues zu erkunden und der Erste zu sein.

Beziehung: Verantwortungsbereitschaft, Sicherheit, autoritär, feste Beziehung – Verbindlichkeit.

Beruf: Verantwortungsbewusst, konsequent, sicher, Vorreiter.

Finanzen: Die Finanzen ordnen bzw. braucht man hier eine gewisse Struktur / Sicherheit, sichere Einnahmen und den Überblick. Auch seinen finanziellen Verpflichtungen immer nachkommen, die Verantwortung darin erkennen. Sich bei Ausgaben im Griff haben, diszipliniert sein.

Zeit: Widderzeit (21. März bis 20. April) oder auch im Frühling.

Dies tun = Ratschlag: Ideen umsetzen und Aufgaben Schritt für Schritt zu Ende führen. Realistisch und strukturiert vorgehen.

5 - Der Hierophant (Hohepriester)

Quintessenz: Sich für Gelassenheit und eine innere Überzeugung öffnen, ins Vertrauen gehen. Den Sinn bald erkennen können.

Das Bild: Der Priester auf der Karte, der mit der Kirche (Gott) verbunden ist. 2 Personen kommen zu ihm und möchten seinen Rat, vertrauen sich ihm an. Der Priester mit der Krone (Wissen) gibt seinen Rat und hebt auch die Hand (Segen) für Gottes Segen.

Worum geht es: Den Sinn des Lebens finden, vertrauen und die Zusammenhänge verstehen. Unter göttlichem Schutz stehen.

Beziehung: Gottes Segen = Heirat, gegenseitiges Vertrauen.

Beruf: Berufung, sinnvolle Aufgabe gefunden, vertrauensvoll sein, ein Vermittler / Berater sein, therapeutisch arbeiten.

Finanzen: Seinen finanziellen Überzeugungen treu bleiben, es für sinnvolle Sachen ausgeben oder auch seinen Besitz beschützen. Finanziell gut dastehen.

Zeit: 5 Stunden, 5 Tage, 5 Wochen oder 5 Monate.

Dies tun = Ratschlag: Den eigenen Überzeugungen treu bleiben und ins Vertrauen gehen. Auch etwas Sinnvolles tun.

6 - Die Liebenden

Quintessenz: Bei einer Entscheidung auf die Stimme des Herzens achten und dann diesen Weg gehen. Gegensätze überwinden und das Gemeinsame suchen und finden.

Das Bild: Adam und Eva (Mann und Frau = Gegensätze, die sich lieben) im Paradies in einer offenen Haltung (Hingabe, es wollen) und nackt (Reinheit, Erotik, Lust, Sex). Über ihnen der Erzengel Raphael (Schutzengel der Liebenden) und die Sonne an höchster Stelle strahlt und leuchtet in ihrer ganzen Kraft (Anziehungskraft).

Worum geht es: Um eine tiefe Liebeserfahrung, um Hingabe und sich entscheiden, was man vom Herzen her wirklich will.

Beziehung: Wahre (große) Liebe, Anziehungskraft, lustvoll, eine Entscheidung aus dem Herzen heraus treffen.

Beruf: Sich entscheiden, mit ganzem Herz dabei sein.

Finanzen: Finanzielle Entscheidungen aus dem Gefühl heraus treffen, vielleicht für Herzensprojekte ausgeben.

Zeit: 6 Stunden, 6 Tage, 6 Wochen oder 6 Monate.

Dies tun = Ratschlag: Sich mit jemandem vereinigen oder auch eine Entscheidung aus dem Herzen heraus treffen.

7 - Der Wagen

Quintessenz: Seinen eigenen Weg gehen, sich entscheiden, wo es langgehen soll (Neues? Eine Möglichkeit auswählen). Aufbruchstimmung, alles Nötige ist schon vorhanden, es kann losgehen.

Das Bild: Der Wagen (heute das Auto) wird von 2 Sphinxen gezogen, doch sie schauen noch in unterschiedliche Richtungen (Widersprüche, noch nicht wissen, wo lang, Alternativen). Die Person soll die Zügel in die Hand nehmen und entscheiden, wo es hingeht. Sie verlassen die Stadt (Aufbruch, eigenen Weg gehen).

Worum geht es: Trotz widersprüchlicher Gefühle / Gedanken heißt es hier mutig aufzubrechen, seinen eigenen Weg zu gehen.

Beziehung: Unternehmungslust, es kommt Bewegung rein, die Richtung bestimmen, neue Verbindung.

Beruf: Selbstständigkeit, neuen Weg gehen, neue Aufgaben, zuversichtlich, vorwärtskommen, eigenen Einsatz zeigen.

Finanzen: Sein eigenes Geld haben, allein darüber bestimmen. Auch neue Einnahmequellen sind möglich, wenn man bereit ist, etwas dafür zu tun.

Zeit: 7 Stunden, 7 Tage, 7 Wochen oder 7 Monate.

Dies tun = Ratschlag: Zuversichtlich und mutig den eigenen Weg gehen. Neue Ziele suchen.

8 - Die Kraft

Quintessenz: Es voller Vertrauen, Zuversicht und Mut anpacken. Engagiert und leidenschaftlich sein, ggf. wie ein Löwe dafür kämpfen und notfalls die Krallen zeigen.

Das Bild: Eine Frau zähmt (annehmen, was ist, und besänftigen) einen Löwen (stark, Kraft, Wildheit, Leidenschaft), der auch Krallen hat und energievoll sein Maul aufreißt. Sie ist dabei mutig, willensstark und packt es voller Vertrauen an und schafft es auch, den Löwen auf sanfte, liebevolle Art zu bändigen.

Worum geht es: Leidenschaftliche Energien, Stärke und Mut.

Beziehung: Wildheit und Zähmung, Leidenschaft, lustvoll, Affäre.

Beruf: Engagement, Mut, viel Kraft und Energie.

Finanzen: Die Finanzen in den Griff bekommen, ggf. sich auch anderen gegenüber durchsetzen, stark sein.

Zeit: Sternzeichen Löwe (23.07.-23.08.) oder auch im Sommer.

Dies tun = Ratschlag: Alles mit Lust und Liebe (Leidenschaft) tun. Notfalls auch mal Krallen zeigen. Etwas in den Griff bekommen.

9 - Der Eremit

Quintessenz: Sich zurückziehen / zur Ruhe kommen, sich besinnen und zu einer inneren Klarheit / Erkenntnis kommen. Sich dem Leben stellen und seinen eigenen Weg gehen.

Das Bild: Ein Mann in grauer Kleidung (schlicht, unauffällig, sich zurückziehen) hält in der einen Hand einen Stab (Stütze, Halt, Kraft) und in der anderen Hand eine Laterne (Weg sehen / finden, Erkenntnis, Einsicht). Mit seiner Kapuze schirmt er sich von der Außenwelt ab und richtet die Aufmerksamkeit nach innen. Der weiße (Reinheit, Anfangszustand) Schnee zeigt das Neue an.

Worum geht es: Selbstfindung, auf sich allein gestellt einen Weg finden, sich dabei zurückziehen und eine innere Kraft entwickeln.

Beziehung: Alleinsein, sich distanzieren, ruhige Phase, unauffällig sein = Mauerblümchen, Altes loslassen – Neues finden.

Beruf: Seinen eigenen Weg finden, innere Kraft, sich zurückziehen, ruhige Phase, Altes loslassen – Neues finden.

Finanzen: Innere Ressourcen nutzen, um klare Entscheidungen zu treffen oder wie es finanziell weitergehen soll. Allein zurechtkommen.

Zeit: Schnee auf der Karte deutet auf Winterzeit hin.

Dies tun = Ratschlag: Sich zurückziehen, zur Ruhe kommen und im Inneren die Klarheit darüber finden, was wirklich wichtig ist.

10 - Rad des Schicksals

Quintessenz: Der richtige Zeitpunkt, jetzt die Aufgabe anzupacken, annehmen, was schicksalhaft kommt. Dabei die Talente / Fähigkeiten nutzen (10 = 1 Der Magier), die in einem sind.

Das Bild: Auch das Rad des Lebens (Schicksalsweg) oder Rad der Zeit dreht sich. Mal ist etwas aktuell (richtiger Zeitpunkt), dann wieder nicht. Das Auf und Ab (die Aufgaben, Erfahrungen, Veränderungen) im Leben. In den Ecken der Karte sind 4 Figuren (4 Elemente, Einheit, vollständig) mit Büchern (Wissen, Lernen).

Worum geht es: Das Auf und Ab im Leben = Veränderungen, sein Schicksal annehmen, sich anpassen und lernen.

Beziehung: Schicksalhafte Verbindung, mal oben / mal unten sein, Achterbahngefühle, die Zeit ist reif, Neues beginnt.

Beruf: Schicksalhafte Aufgaben / Veränderung, Berufung, lernen, Wechsel, instabil, wichtiger Zeitpunkt, neuer Zyklus beginnt.

Finanzen: Ein Auf und Ab, die Einnahmen sind recht schwankend oder es gibt auch schicksalhafte Veränderungen.

Zeit: Die Zeit ist reif, jetzt = heute = 10 Stunden, maximal 10 Tage.

Dies tun = Ratschlag: Den roten Faden im Leben erkennen, annehmen, was kommt und die Aufgaben jetzt meistern.

11 - Gerechtigkeit

Quintessenz: Selbst die Verantwortung für das Leben und die eigenen Entscheidungen tragen. Daher klug abwägen / beurteilen und gut überlegt entscheiden. Dabei kann die innere Stimme (11 = 2 Die Hohepriesterin) helfen und einen leiten.

Das Bild: Die Person hält in der rechten Hand ein Schwert (Verstand, Wissen, klug) und in der linken Hand eine Waage (abwägen, Ausgewogenheit, Gleichgewicht, Gerechtigkeit). Auf dem Kopf eine Krone (Machtsymbol und verstandesbetont).

Worum geht es: Ein faires, gerechtes und ausgewogenes Beurteilen. Verstandesbetont, aber objektiv entscheiden.

Beziehung: Geben und Nehmen im Gleichgewicht, Ehevertrag, Scheidungsurteil, fair = ehrlich zueinander.

Beruf: Fairness, sachlich beurteilen, selbstverantwortlich.

Finanzen: Selbst dafür verantwortlich sein und gut überlegt entscheiden. Ausgewogenheit bzw. finanziell im Gleichgewicht sein = Ausgaben und Einnahmen im richtigen Verhältnis / in Balance.

Zeit: 11 Stunden, 11 Tage, 11 Wochen oder 11 Monate.

Dies tun = Ratschlag: Bleibe objektiv, sachlich, vernünftig und beurteile klug und gerecht. Mit dem Verstand abwägen. Die eigene Verantwortung erkennen.

12 - Der Gehängte

Quintessenz: Zeit umzukehren oder umzudenken, eine neue Sicht auf die Dinge entwickeln und auch mal alle Fünfe gerade sein lassen und abwarten können, dann führt dies zu Wachstum (12 = 3 Die Herrscherin) und neuem fruchtbaren Boden.

Das Bild: Ein Mann, der lässig und kopfüber (alles auf den Kopf stellen) hängt (sich hängen lassen, baumeln, passiv sein). Er betrachtet die Welt aus einer anderen Perspektive. Der Heiligenschein bedeutet, dass er dabei zu Erkenntnissen kommt, ihm geht ein Licht auf. Die Balken, an denen er hängt, bilden ein T, was z. B. bei Verkehrszeichen auf eine Sackgasse verweist.

Worum geht es: Perspektivenwechsel, die Dinge von einer anderen Seite her betrachten, neue Einsichten bekommen. Auch eine Zeit des Stillstandes, die Seele baumeln lassen, abwarten.

Beziehung: Stillstand, ruhige Phase, passive Liebe, Sackgasse, umdenken, alles auf den Kopf stellen – es mal anders versuchen.

Beruf: Nichts los, passiv sein – nichts tun – arbeitslos sein, abwarten, festsitzen – Sackgasse, neue Erkenntnisse bekommen.

Finanzen: Ruhige Phase bzw. Stillstände in den Einnahmen. Ein Verändern des Blickwinkels könnte neue Möglichkeiten bringen.

Zeit: 12 Stunden, 12 Tage, 12 Wochen oder 12 Monate.

Dies tun = Ratschlag: Abwarten oder Altes loslassen, den Blickwinkel ändern und zu neuen Einsichten kommen.

13 - Tod

Quintessenz: Eine Entwicklung / Phase geht zu Ende und sich auf den Weg zu Neuem machen, bis sich eine gewisse Struktur / Ordnung / Stabilität (13 = 4 Der Herrscher) wieder einstellt.

Das Bild: Ein Skelett (Zeichen für Tod, gestorben, Ende) reitet in einer schwarzen (düster) Rüstung, hält eine schwarze (Trauer) Flagge hoch und bewegt sich nach rechts, wo auch die Sonne (Licht, Hoffnung, Gutes) zu sehen ist. Das Pferd ist weiß und deutet auf Neuanfang. Die Menschen stehen, liegen oder knien davor und sehen nur den Tod, das Düstere.

Worum geht es: Das Ende einer Phase bzw. Zeit zum Abschied nehmen – loslassen, denn das Neue könnte schon warten.

Beziehung: Totgelaufen, Ende einer Phase, loslassen, Abschied.

Beruf: Abschluss, Ende einer Phase, totgelaufen, Kündigung.

Finanzen: Abschlusszahlung, Abfindung erhalten oder von gewissen Geldeinnahmen Abschied nehmen, da von dort nichts mehr kommt. Trotzdem nach vorn schauen.

Zeit: 13 Stunden, 13 Tage, 13 Wochen oder 13 Monate.

Dies tun = Ratschlag: Sich von Vergangenem (Altem) lösen, etwas beenden, damit das Neue kommen kann.

14 - Mäßigkeit

Quintessenz: Mit sich im Frieden sein und innerlich gelassen das richtige Maß / Verhältnis finden und darauf vertrauen (14 = 5 Der Hierophant), einen guten Rat zu bekommen oder den Sinn zu verstehen oder auch geführt zu werden.

Das Bild: Ein Engel im weißen Gewand (Reinheit, Frieden) füllt das Wasser (fließen lassen, Gefühle) zwischen 2 Kelchen (Mitgefühl) um. Er findet das richtige Maß (Verhältnis, Mischung). Das Wasser fließt auch im Vordergrund der Karte (sehr viel Gefühl fließt). Der graue Himmel (neutral, Gleichgültigkeit) lässt eine Sonne (Gutes, Licht) aufgehen.

Worum geht es: Das rechte Maß finden und ein inneres Gleichgewicht / Harmonie herstellen. Eine gesunde Entwicklung, mit sich im Frieden sein, Gefühle ins Fließen bringen.

Beziehung: Sehr viele Gefühle fließen, im Einklang sein, gesundes Verhältnis, Harmonie, sehr friedlich.

Beruf: Mittelweg gehen, im Gleichgewicht, Geduld, Harmonie.

Finanzen: Noch etwas Geduld haben, es kommt ins Fließen, rechtes Maß = Ausgaben und Einnahmen im Gleichgewicht. Ein gutes Verhältnis zum Geld und gute Entwicklung.

Zeit: Geduld, abwarten, bis es in den Fluss kommt.

Dies tun = Ratschlag: Geduldig abwarten, bis die Dinge ins Fließen kommen. Die harmonische, friedliche Zeit genießen.

15 - Der Teufel

Quintessenz: Licht ins Dunkle bringen, zu seinen Schattenseiten (Schwächen) stehen, jedoch den Versuchungen widerstehen. Sich auch aus selbst auferlegten Abhängigkeiten befreien und zur wahren Herzensentscheidung (15 = 6 Die Liebenden) kommen.

Das Bild: Sehr viel Schwarz (finster, Nacht) auf der Karte, was hier für die Schattenseiten stehen soll. Der Teufel (Gestalt des Bösen, die Versuchung) mit einer Feuerfackel (Feuer = Antrieb, Leidenschaft und Licht ins Dunkle bringen) in der Hand. Zwei Menschen in losen Ketten (freiwillige Abhängigkeit, auch Süchte).

Worum geht es: Verdrängte Seiten der Persönlichkeit, Versuchungen und Abhängigkeiten, die man selbst gewählt hat.

Beziehung: Verführung, abhängig vom anderen sein, Machtkampf, Misstrauen, Eifersucht, übertriebene Leidenschaft.

Beruf: Verrat, Machtmissbrauch, abhängig sein, unterwürfig, Vorsicht Verlockungen = unsaubere Geschäfte.

Finanzen: Finanziell von jemandem abhängig sein oder andere von einem abhängig machen und dann selbst der Teufel sein. Auch Aufpassen vor Betrug und Verrat bei Geldangelegenheiten / dem Geldanlegen. Ggf. Verlockungen, die Geld kosten.

Zeit: 15 Stunden, 15 Tage, 15 Wochen oder 15 Monate.

Dies tun = Ratschlag: Licht ins Dunkle bringen, den Verlockungen widerstehen, sich aus Abhängigkeiten befreien.

16 - Der Turm

Quintessenz: Sich von altem Ballast (engen Verhältnissen) befreien. Es zusammenstürzen lassen, damit sich hinterher alles reinigen kann und man sich auf seinen eigenen Weg (16 = 7 Der Wagen) macht.

Das Bild: Ein schmaler Turm (Schutz, Sicherheit, Gefängnis, Enge), der im Gewitter (Tränen Gottes, Reinigung / Entladung) steht. Der schwarze Himmel (Trauer, Nacht) wird vom gelben Blitz erleuchtet, der in den Turm einschlägt (einschlagende, plötzliche Erleuchtung / Erkenntnis). Zwei Personen fallen aus dem Turm heraus (befreien oder stürzen).

Worum geht es: Befreiung und Reinigung der Angelegenheit, auch wenn dabei alles zusammenstürzt, kaputt geht und man traurig ist. Auch Auflösung von Festgefahrenem.

Beziehung: Plötzliche Trennung, etwas bricht zusammen und reinigt sich dann, beengte Verhältnisse, Beziehungskrieg.

Beruf: Kündigung, abspringen, plötzlicher Wechsel, Durchbruch.

Finanzen: Ein finanzieller Durchbruch oder man kann sich von Belastungen befreien. Schulden bezahlen. Aber auch durchaus ein Wechsel, wo plötzlich Besitz und Geld zerstört werden und man dann weniger hat und neu anfangen muss.

Zeit: 16 Stunden, 16 Tage, 16 Wochen oder 16 Monate.

Dies tun = Ratschlag: Alte Mauern einreißen, sich befreien und einen Neustart wagen, auch wenn es schmerzhaft ist.

17 - Der Stern

Quintessenz: Vertrauensvoll und zuversichtlich in die Zukunft blicken. Hoffnung ist begründet, man steht unter einem guten Stern / Einfluss und kann seine ganze Energie und Leidenschaft (17 = 8 Die Kraft) nutzen und in die Angelegenheit stecken.

Das Bild: Der Stern oben in der Mitte ist der Leitstern (unter einem guten Stern stehen, göttlich beschützt). Die Frau gießt nackt (natürlich, hingebungsvoll) mit 2 Krügen einen Teil des Wassers (Gefühle) auf die grüne Wiese / Erde (Fruchtbarkeit, Wachstum) und einen Teil ins Wasser (der Überfluss, reichlich vorhanden, daher einen Teil zurückgeben können).

Worum geht es: Das richtige Gespür für eine reichhaltige Zukunft, mehr bekommen, als man eigentlich benötigt. Unter einem guten Stern stehen, beschützt sein.

Beziehung: Große (aussichtsreiche) Liebe, selbstlose Hingabe, glückliche Zukunft, Liebe unter einem guten Stern.

Beruf: Zuversicht, aussichtsreiche Zukunft, Glück, beschützt.

Finanzen: Man steht finanziell gut da und kann auch anderen etwas vom Geld und Besitz abgeben, teilen. Erfolg und Glück in finanziellen Dingen.

Zeit: 17 Stunden, 17 Tage, 17 Wochen oder 17 Monate.

Dies tun = Ratschlag: Nach den Sternen greifen und auch langfristig auf eine gute Zukunft vertrauen.

18 - Der Mond

Quintessenz: Auch wenn es schwerfällt, sich den eigenen Gefühlen stellen und auf den Weg ins Unbekannte machen. Dabei den Blick nach innen lenken (18 = 9 Der Eremit), allein und in Ruhe zu einer Klarheit / Erkenntnis kommen – Selbstfindung.

Das Bild: Der Mond (Ängste, Intuition, Träume) steht vor der Sonne. Man muss sich hier auf einen schmalen (eng) Weg zwischen einem Hund (helfende, zahme Instinkte) und einem Wolf (warnende, wilde Instinkte) machen. Durch seine Ängste hindurchgehen, um zur Sonne (Schönes, Gutes, Erleuchtung) zu gelangen. Aus der Tiefe des Wassers (alte Gefühle) steigt ein Krebs (Instinkte) empor (Zeit, das jetzt zu bearbeiten).

Worum geht es: Auftauchende Ängste, (Alb-)Träume, einen Engpass überstehen, sich behutsam auf den Weg machen.

Beziehung: Angst, Eifersucht, unsicher, sehr empfindlich.

Beruf: Angst, Lampenfieber, unsicher, der Intuition vertrauen.

Finanzen: Finanziell könnte es eng und unsicher sein, wo man jetzt aber durchmuss, damit es wieder besser wird. Sich den finanziellen Ängsten stellen und auf die Intuition achten.

Zeit: 18 Stunden, 18 Tage, 18 Wochen oder 18 Monate.

Dies tun = Ratschlag: Mutig und achtsam sein und sich behutsam auf den Weg machen. Durch die Ängste hindurchgehen und sich den Gefühlen stellen.

19 - Die Sonne

Quintessenz: Unbeschwert und zuversichtlich die positiven Energien nutzen und jetzt die Aufgabe anpacken (19 = 10 Rad des Schicksals), annehmen, was schicksalhaft kommt. Dabei die Talente / Fähigkeiten nutzen (10 = 1 Der Magier), die in einem sind.

Das Bild: Es befinden sich eine große, leuchtende Sonne (glänzen, Wärme, Ausstrahlung) und viele Sonnenblumen (schöne, sonnige Zeit) hinter einem weißgrauen Pferd (Reinheit, Frieden, neutral), auf dem ein fröhliches (Freude), nacktes Kind (Geburt, Neues, Hingabe) sitzt, das eine rote (Freude, Kraft) Fahne schwenkt.

Worum geht es: Sich freuen und das Leben unbeschwert genießen, zuversichtlich sein, sich auf die Sonnenseite begeben.

Beziehung: Schöne Zeit, sorglos sein, Ausstrahlung, Wärme, Hingabe, Geburt, Neubeginn.

Beruf: Freude am Tun, Glänzen, Erfolg, Glück, Zuversicht.

Finanzen: Gutes Geld haben oder es wird bald sonniger werden. Erfolg und auch Zuversicht im Hinblick auf Geld, man kann sorglos sein und sich an seinem Besitz, dem Geld erfreuen.

Zeit: Im Sommer.

Dies tun = Ratschlag: Zuversichtlich sein und sich an den schönen Dingen des Lebens erfreuen, die Zeit genießen.

20 - Gericht

Quintessenz: Verloren Gegangenes taucht wieder auf oder Vergangenes kann nun losgelassen werden. Sich frei und neu entfalten, handeln, eine Lösung finden und sich dabei von der inneren Stimme (20 = 2 Die Hohepriesterin) / Intuition führen lassen.

Das Bild: Der Engel bläst in die Posaune (der Jüngste Tag, wachrütteln), um die in ihren Gräbern (Gefängnis, Vergangenheit) ruhenden (abwarten, schlafende Energien), nackten (offen, ehrlich) Personen (Leichen im Keller) zu wecken (Auferstehung, neues Leben beginnt, Wiederauftauchen, Erlösung, Heilung).

Worum geht es: Eine Lösung finden, wieder aufstehen und handeln. Vergangenes loslassen und sich frei entfalten.

Beziehung: Vergangenheit bearbeiten, sich befreien, wach geworden, Neues beginnt oder auch Wiedervereinigen.

Beruf: Erlösung oder eine Lösung finden, Neues beginnt, Berufung (Aufruf), Handeln.

Finanzen: Verlegtes oder verlorenes Geld taucht wieder auf. Man kann bei einer finanziellen Angelegenheit eine Lösung finden und wieder handeln. Sich auch von Besitz befreien, loslassen, um Veränderungen zu ermöglichen.

Zeit: 20 Stunden, 20 Tage, 20 Wochen oder 20 Monate.

Dies tun = Ratschlag: Notwendige Veränderungen akzeptieren, aufwachen, eine Lösung finden und ins Handeln kommen.

21 - Die Welt

Quintessenz: Am Ziel angekommen. Im inneren Frieden mit sich selbst und der Welt sein. Vielleicht ist es auch mal nötig, aus dem Rahmen zu fallen, die Lebendigkeit wieder zu spüren, um zu weiterem Wachstum (21 = 3 Die Herrscherin) zu kommen.

Das Bild: In den Ecken der Karte sind 4 Figuren (4 Elemente, die Talente, Einheit, vollständig). Eine Frau tanzend (Lebendigkeit) in der Mitte eines ellipsenförmigen, geschlossenen, grünen Kranzes (vergrößerter Kreis = größte Vollendung, Schutz, Grenze, Erfolg innerhalb des Rahmens).

Worum geht es: Lebendig sein und den richtigen Platz oder eine zufriedene Einstellung finden. Am Ziel angekommen.

Beziehung: Glück, Erfolg, seine große Liebe gefunden, Harmonie, lebendige Beziehung, Lebensgemeinschaft.

Beruf: Berufung, seine Aufgabe finden, von zu Hause aus arbeiten.

Finanzen: Glück, Erfolg und mit seinem Besitz / Geld zufrieden sein. Seine Ziele erreicht haben.

Zeit: 21 Stunden, 21 Tage, 21 Wochen oder 21 Monate.

Dies tun = Ratschlag: Erkennen, dass man am Ziel ist. Inneren Frieden finden und trotzdem für weitere Möglichkeiten offen sein.

Die Schwerter:

Element Luft: Verstand, Gedanken, Planung.

Geistiger Bereich: Wissen, Urteilskraft, Klugheit, Vernunft, Distanz.

Auftrag der Schwerter: Etwas ist zu klären, verstandesorientiert sein.

Umsetzung: Wissen nutzen, analysieren, beurteilen und kampfbereit.

As der Schwerter

Das Bild: Das Schwert hoch oben in der Luft bedeutet, den Weitblick zu haben (Klarheit) und die Ideen des Verstandes. Die Krone stellt dabei die höchste Erkenntnis dar und die Hand Gottes ist der Impuls, die Chance, die geboten wird.

Worum geht es: Die Chance, etwas zu verstehen, zu klären und dann klug zu entscheiden. Der Durchbruch zur Lösung.

Beziehung: Klärendes Gespräch, Chance auf Neubeginn, kluge Entscheidung.

Beruf: Kluge Entscheidung, wichtige Erkenntnis, Problemlösung.

Finanzen: Chance, etwas zu klären und zu entscheiden.

Zeit: 1 Stunde (Schwert = Stunden / As = 1)

Dies tun = Ratschlag: Chance zur Klärung nutzen. Mit klarem Verstand alles betrachten und dann die Probleme lösen bzw. eine kluge Entscheidung treffen.

2 Schwerter

Das Bild: Die 2 Schwerter mit verschränkten Armen stehen für widersprüchliche Gedanken und das Wasser (Gefühle) und der Mond (Ängste, Intuition) sind im Rücken, also ist der Zugang versperrt. Die Augenbinde = etwas nicht sehen wollen.

Worum geht es: Spannung zwischen Gefühl und Verstand. Die eigenen Gefühle nicht anschauen und darüber sprechen können bzw. die Gefühle auszudrücken. Zu sehr im Kopf / Verstand sein. Misstrauen und Zweifel. Sich Konflikten verweigern.

Beziehung: Mangelndes Vertrauen, Zweifel, Spannungen.

Beruf: Zweifel über den weiteren Weg. Hin- und hergerissen sein.

Finanzen: Entscheidungsunfähig, Verzweiflung, Zögern und Stillstand.

Zeit: 2 Stunden (Schwert = Stunden / 2 = 2)

Dies tun = Ratschlag: Dinge auch mal hinterfragen und genauer hinsehen. Eine gesunde Skepsis ist gut. Dann Mut fassen und auf andere zugehen bzw. handeln. Gefühl und Verstand in Einklang bringen und für Entscheidungen nutzen.

3 Schwerter

Das Bild: Die 3 Schwerter (Verstand, Erkenntnisse) durchbohren (schmerzhaft) das Herz (Gefühl, Herzenswunsch). Herz und Verstand treffen sich unangenehm (Kummer, schwierige Entscheidung). Der Himmel zeigt graue, trübe Aussichten.

Worum geht es: Ein schmerzhafter Schritt, ein Konflikt, der jetzt ausgetragen werden muss, Enttäuschung, tiefe Verletzung, Kummer, Leid klagen, schwere Entscheidung.

Beziehung: Liebeskummer, Enttäuschung, Streit, Trennung.

Beruf: Ein schmerzhafter Schritt, trübe Atmosphäre, Streit, Verletzungen, traurig sein, Kündigung.

Finanzen: Schwere Entscheidung, auf etwas verzichten.

Zeit: 3 Stunden (Schwert = Stunden / 3 = 3)

Dies tun = Ratschlag: Auch wenn es schwerfällt, eine Entscheidung ist zu treffen oder ein schmerzhafter Schritt zu gehen.

4 Schwerter

Das Bild: Die 3 Schwerter (Verstand, Erkenntnisse) an der Wand müssen verarbeitet werden, die Person ruht dabei (schlafen, meditieren). Zwangspause und Stillstand, denn 1 Schwert ruht genauso liegend wie die Person.

Worum geht es: Aufforderung zu einer Pause, innere Sammlung und Rückzug, um dann Klarheit zu gewinnen. Etwas liegt auf Eis bzw. ist ruhiggestellt und man kann nichts tun – Zwangspause.

Beziehung: Stillstand, Auszeit, Vereinsamung, Zurückhaltung.

Beruf: Stillstand, arbeitslos, sich zurückziehen, Erschöpfung, Ohnmacht, verschobene Projekte, Sinnfindung.

Finanzen: Geduld haben, es stagniert. Ruhephase.

Zeit: 4 Stunden (Schwert = Stunden / 4 = 4)

Dies tun = Ratschlag: Pause machen und Kräfte sammeln. Dinge erst mal auf sich beruhen lassen – abwarten, Geduld haben.

5 Schwerter

Das Bild: Ein stürmischer Himmel (aufgewühlte Stimmung) und es wurde mit Schwertern, also dem Verstand (Worten), gekämpft. Es gibt vermeintlich einen Sieger und eine verlierende Person auf der Karte. Ein verlustreicher Kampf auf beiden Seiten.

Worum geht es: Um rücksichtslose Auseinandersetzungen, Gefahr einer Niederlage oder ein teurer Sieg.

Beziehung: Beziehungskrieg, Feindschaft, man wird ausgenutzt, scheitern, sich von demütigenden Beziehungen distanzieren.

Beruf: Auseinandersetzung, Kritik, Mobbing, Machtkämpfe.

Finanzen: Niederlagen überwinden oder aber auf eigene Kosten (teuer) gewinnen.

Zeit: 5 Stunden (Schwert = Stunden / 5 = 5)

Dies tun = Ratschlag: Sich der Konfrontation stellen und so gut es eben geht durchschlagen (denn andere können sehr gemein sein). Sich ohne „Wenn und Aber" der Aufgabe stellen.

6 Schwerter

Das Bild: Der Fährmann steht für einen Helfer, der vom unruhigen Wasser (unruhige Gefühle – rechts unten) durch ruhiges Gewässer zum neuen Ufer (neue Ziele / Aufgaben) fährt. Dabei hat man viel geistiges Gepäck (die 6 Schwerter) vor sich im Boot (Übergang) mit dabei. Der graue Himmel zeigt eine gedrückte Stimmung an.

Worum geht es: Ablösung und Neuorientierung, Veränderung, zögerlicher Aufbruch, Lampenfieber vor dem Neuen.

Beziehung: Abschied, sich auf Neues einlassen, es wird ruhiger.

Beruf: Kündigung, Wechsel bzw. neue Aufgaben.

Finanzen: Sich helfen lassen, offen für Neues sein, dann kann auch eine Veränderung kommen.

Zeit: 6 Stunden (Schwert = Stunden / 6 = 6)

Dies tun = Ratschlag: Altes hinter sich lassen und sich für das Neue öffnen und ggf. Hilfe / Unterstützung (Fährmann) dafür holen.

7 Schwerter

Das Bild: Jemand stiehlt die Schwerter und macht sich davon. Er will ohne Kampf, sondern mit Hinterlist und Tricks (Klugheit der Schwerter falsch eingesetzt) gewinnen. Im Hintergrund sind Zelte und Menschen, die gar nicht merken, dass sie bestohlen werden.

Worum geht es: Situationen oder Gesprächen aus dem Weg gehen, sich vor Erkenntnissen drücken, betrügen oder betrogen werden.

Beziehung: Verlogen, Fremdgehen, Flucht vor Klärung.

Beruf: Betrug, Intrige, Drückebergerei, Täuschung, unehrlich.

Finanzen: Jemanden betrügen, bestehlen oder selbst betrogen werden. Auf den Besitz besser aufpassen. Vor finanzieller Verantwortung will man sich drücken, davonstehlen.

Zeit: 7 Stunden (Schwert = Stunden / 7 = 7)

Dies tun = Ratschlag: Zeit zum Bluffen, Mogeln oder Davonschleichen, aber auch dass man mit Raffinesse zum Ziel kommt.

8 Schwerter

Das Bild: Die 8 Schwerter seitlich und im Rücken und nur leichte Fesseln, was auf selbst auferlegte Einschränkungen hindeutet. Durch die Augenbinde das Wasser (Gefühl) nicht sehen wollen.

Worum geht es: Bedrückende Gedanken, äußere Verbote und Beschränkungen (Gefängnis), Hemmungen. Verdrängen der eigenen Gefühle, Wünsche und Bedürfnisse.

Beziehung: Hemmungen, Bedürfnisse verdrängen, eingeengt, wegsehen.

Beruf: Vor Problemen die Augen verschließen, unangenehme Beschränkungen, Krise, Angst, Blockade.

Finanzen: Finanzielle Durststrecke und daher in der Krise sein, Angst haben, verzichten müssen und sich in der Situation gefangen fühlen.

Zeit: 8 Stunden (Schwert = Stunden / 8 = 8)

Dies tun = Ratschlag: Die (selbst gemachten) Blockaden aufspüren, Belastungen lösen und endlich hinsehen.

9 Schwerter

Das Bild: 9 Schwerter (viele Gedanken) an der Wand und deshalb aufrecht im Bett sitzen und nicht schlafen können. Nervös oder ängstlich sein. Der Hintergrund ist schwarz = Bedrückung. Links unten im Bett ist eine Kampfszene abgebildet, was auf einen Konflikt hindeutet.

Worum geht es: Zukunfts- und Verlassenheitsängste, Sorgen, schlaflose Nächte, Albträume, Gewissensbisse, Reue.

Beziehung: Kummer, schlechtes Gewissen, Verlassenheit.

Beruf: Nachtschicht, schlaflose Nächte, Sorgen, Angst, Krise, Lampenfieber.

Finanzen: Sich Sorgen machen, Angst haben und verzweifelt sein.

Zeit: 9 Stunden (Schwert = Stunden / 9 = 9)

Dies tun = Ratschlag: Wenn das Gewissen plagt, dann Reue zeigen. Ansonsten den Weg trotz der Angst gehen.

10 Schwerter

Das Bild: Eine Person liegt tot am Boden (erschöpft, am Boden sein, willkürliches Ende) und ist von 10 Schwertern im Rücken durchbohrt (Gedanken haben, verletzt). Der Hintergrund ist schwarz = Bedrückung, düster.

Worum geht es: Schmerzhafte Erkenntnis, am Ende der Angelegenheit zu sein. Tief sitzende Probleme jetzt bearbeiten.

Beziehung: Gewaltsam oder schmerzhaft Schluss machen, Trennung, Partner fällt einem in den Rücken, verletzt.

Beruf: Kündigung, einen Schlussstrich ziehen, Ende einer Arbeit oder Aufgabe, es beenden oder abbrechen.

Finanzen: Geldhahn wird zugedreht, nichts mehr bekommen und am Boden liegen und darüber verletzt sein. Jemand beutet einen aus, bis nichts mehr da ist.

Zeit: 10 Stunden (Schwert = Stunden / 10 = 10)

Dies tun = Ratschlag: Die Angelegenheit sofort und konsequent beenden, einen Schlussstrich ziehen.

Bube der Schwerter

Das Bild: Der Himmel zeigt eine kühle und windige Atmosphäre an (graue Wolken, Haar weht im Wind). Als Gegenwind, Kritik oder Angriff empfinden. Das Schwert wird zum Kampf hochgehalten. Der Bube ist der Impulsgeber, die Chance / Möglichkeit / Nachricht, die von außen angeboten wird. Mit dem Schwert die Chance, etwas zu klären.

Worum geht es: Zeichen für Neuanfang bzw. dass noch etwas in den Kinderschuhen steckt. Streit, Kritik, Chance, etwas zu klären.

Sehr junge Person oder ein Kind: Kluger Verstand, Plappermaul, redet viel.

Kind mit Sternzeichen: Zwillinge, Waage oder Wassermann.

Beziehung: Sich aussprechen, Krise, Streit, Neuanfang.

Beruf: Kritik, Chance, etwas zu klären, Neuanfang.

Finanzen: Neuanfang, Klarheit, durch Kritik zu einer klugen Erkenntnis kommen.

Zeit: Zwillinge (Juni), Waage (Oktober) o. Wassermann (Februar).

Dies tun = Ratschlag: Kritik annehmen und daraus lernen.

Ritter der Schwerter

Das Bild: Die Landschaft zeigt eine kühle und windige Atmosphäre an (graue Wolken, Bäume wiegen sich im Gegenwind). Der Ritter reitet stürmisch drauflos und hält sein Schwert mit Angriffslust.

Worum geht es: Der Ritter steht für eine frostige, kühle, kritisierende, konfliktreiche und unberechenbare Stimmung oder Atmosphäre. Er bringt Unruhe rein, rauscht herein, macht Chaos und geht dann schnell wieder. Ungeduldiges Denken.

Mann mit Sternzeichen: Zwillinge, Waage oder Wassermann.

Beziehung: Eiszeit, herzlos, aggressive Auseinandersetzung.

Beruf: Stress, kampfbereit, Streit, schlechtes Arbeitsklima.

Finanzen: Schnelle Entscheidung zur Veränderung. Unruhige Zeit, jemand rauscht rein und macht Chaos.

Zeit: Zwillinge (Juni), Waage (Oktober) o. Wassermann (Februar).

Dies tun = Ratschlag: Klug vorangehen und kämpfen bzw. den Konflikt austragen.

König der Schwerter

Das Bild: Der König steht für Würde, Erfahrung, Aktivität, Klarheit, Weitblick und die männliche Seite in einem oder auch für einen Mann. Die Krone steht für wertvolle Erkenntnisse. Das Schwert als Symbol für das Wissen, die Klugheit und Distanz.

Worum geht es: Expartner oder schwierige Person, Witwer. Der König mit aktiver (männlicher) Luft ist eine Person mit klugem Verstand, die plant und loslegt. Diese Person kann für Eigenschaften stehen, die jetzt für einen selbst wichtig sind (egal, ob man Frau oder Mann ist). Ansonsten handelt es sich um einen Mann, der diese Eigenschaften besitzt und mit dem man dann im Bereich der Liebe, des Berufes oder anderer Themen zu tun hat.

Mann mit Sternzeichen: Zwillinge, Waage oder Wassermann.

Beziehung: Der Partner ist schwierig oder es geht um den Ex. Man selbst zeigt sich kühl und klug. Pläne schmieden und diese dann umsetzen. Eine kluge Entscheidung treffen und dabei mehr auf den Kopf als auf das Herz hören.

Beruf: Der Chef, ein Kollege oder auch ein Kunde ist schwierig oder auch sehr klug, cool bzw. ein Experte, auf dessen Rat man hören sollte. Ggf. selbst der Experte sein oder zumindest selbstständig handeln. Aufgaben & Projekte planen und dann entschlossen und verantwortungsbewusst umsetzen. Angebote prüfen und eine sachliche Entscheidung treffen.

Finanzen: Mit einem klugen oder schwierigen Mann zu tun haben oder auf den Rat eines Experten hören. Verantwortung übernehmen, entschlossen handeln und dabei mehr auf den Kopf hören und sachlich bleiben.

Zeit: Zwillinge (Juni), Waage (Oktober) o. Wassermann (Februar).

Dies tun = Ratschlag: Prüfen und eine kluge, sachliche Entscheidung treffen. Verantwortungsbewusst und entschlossen handeln. Auch auf den Rat eines Experten hören.

Königin der Schwerter

Das Bild: Die Königin steht für Würde, Erfahrung, Passivität und die weibliche Seite in einem oder auch für eine Frau. Die Krone steht für wertvolle Ideen, für die man empfänglich ist. Das Schwert als Symbol für die Klugheit und Distanz.

Worum geht es: Expartnerin oder schwierige Person, Witwe. Die Königin mit passiver (weiblicher) Luft ist eine Person, die kühl und distanziert ist, sich jedoch schnell für Ideen und Konzepte von anderen öffnet. Diese Person kann für Eigenschaften stehen, die jetzt für einen selbst wichtig sind (egal, ob man Frau oder Mann ist). Ansonsten handelt es sich um eine Frau, die diese Eigenschaften besitzt und mit der man dann im Bereich der Liebe, des Berufes oder anderer Themen zu tun hat.

Frau mit Sternzeichen: Zwillinge, Waage oder Wassermann.

Beziehung: Die Partnerin ist schwierig oder es geht um die Ex. Man selbst zeigt sich cool oder kühl. Es geht um ein selbstbewusstes Auftreten und darum, Erfahrungen zu nutzen und sich für Ideen und Konzepte von anderen zu öffnen. Klug entscheiden, für Klarheit sorgen.

Beruf: Die Chefin, eine Kollegin oder auch eine Kundin ist schwierig oder auch sehr klug, cool bzw. eine Expertin, auf deren Rat man hören sollte. Ggf. selbst die Expertin sein oder zumindest selbstständig handeln. Erfahrungen nutzen und sich für Ideen und Konzepte von anderen öffnen. Angebote prüfen und eine sachliche Entscheidung treffen.

Finanzen: Mit einer klugen oder schwierigen Frau zu tun haben oder auf den Rat einer Expertin hören. Sich für Ideen und Konzepte von anderen öffnen. Für Klarheit sorgen, alles gut durchdenken. Interessiert zeigen und clever vorgehen.

Zeit: Zwillinge (Juni), Waage (Oktober) o. Wassermann (Februar).

Dies tun = Ratschlag: Auf eine kluge Frau hören oder auf die eigene Intelligenz vertrauen. Abwarten, bis die richtige Idee kommt. Interessiert zeigen und clever vorgehen.

Die Stäbe

Element Feuer: Bewegung, Handeln, Taten, Wollen, Veränderung.

Aktiver Bereich: Kraft, Mut, Lebendigkeit, Leidenschaft, Abenteuer.

Auftrag der Stäbe: Aktivität, sich der Herausforderung stellen.

Umsetzung: Etwas in Gang bringen bzw. verändern.

As der Stäbe

Das Bild: Die Landschaft unten im Bild stellt den fruchtbaren Boden dar. Der Stab mit den vielen Blättern steht für Kraft, Unternehmungslust, Lebendigkeit und Wachstum. Die Hand Gottes ist der Impuls, die Chance, die dazu geboten wird.

Worum geht es: Die Chance, etwas zu unternehmen und sich zu entfalten, zu wachsen. Mit Mut und Kraft loslegen.

Beziehung: Chance auf Entfaltung, Lebendigkeit, Wachstum.

Beruf: Unternehmungslust, sich engagieren, Ehrgeiz, Motivation, herausfordernde Aufgaben, loslegen, neue Möglichkeiten.

Finanzen: Chance nutzen und sich entfalten. Loslegen, damit Geld kommen kann.

Zeit: 1 Tag (Stäbe = Tage / As = 1)

Dies tun = Ratschlag: Chance zur Entfaltung, zum Handeln und Verändern nutzen und mutig, kraftvoll zugreifen.

2 Stäbe

Das Bild: Der Mann im roten Mantel und mit roter Mütze (Mut) steht in der Mitte (neutral, in der Mitte, im Gleichgewicht) der 2 Stäbe (Aktivität, Leidenschaft). Er hält in der einen Hand einen Stab und in der anderen eine Weltkugel (für die ganze Welt, alle Möglichkeiten, Herausforderung). Er hat schon alles und keine Lust, sich zu entscheiden.

Worum geht es: Zurzeit mangelnde Initiative / Bewegung. Lustlos, gleichgültig oder neutral sein.

Beziehung: Nebeneinander her leben, fehlende Bereitschaft, leidenschaftslos, gleichgültig, halbherzig, unentschlossen.

Beruf: Unentschlossen, zögern, mehrere Möglichkeiten abwägen, irgendwo dazwischen stehen, sich drücken.

Finanzen: Geld und Besitz sind einem im Grunde egal oder man will sich vor Entscheidungen drücken und erst mal alles genau abwägen, wodurch aber auch Möglichkeiten im Sande verlaufen können, weil man eben nichts tut.

Zeit: 2 Tage (Stäbe = Tage / 2 = 2)

Dies tun = Ratschlag: Sich neue Ziele setzen und diese verwirklichen.

3 Stäbe

Das Bild: Der Himmel und das Meer sind gelb und die Person steht gut und sicher (standfest) oben und schaut runter zum Meer (gute Aussichten). Die Schiffe fahren in und aus dem Hafen (Bewegung, gute Geschäfte). Die Stäbe deuten auf Kraft, Mut und hier die positive Bewegung.

Worum geht es: Eine sichere Ausgangsposition und gute Aussichten, ein positiver Verlauf.

Beziehung: Sicher, gute Basis und positive Weiterentwicklung.

Beruf: Sicherer Arbeitsplatz, gute Perspektiven, Erfolg.

Finanzen: Eine gute und sichere Basis im Hinblick auf Geld haben. Es kann sich alles gut weiterentwickeln. Wachstum, Erfolg.

Zeit: 3 Tage (Stäbe = Tage / 3 = 3)

Dies tun = Ratschlag: Den Weitblick schärfen und von einer sicheren Basis aus weiter planen und zuversichtlich in die Zukunft schauen.

4 Stäbe

Das Bild: Die 2 Personen winken mit Blumen (heißen andere willkommen, offen sein, sich freuen). Die 4 Stäbe (Lebendigkeit, Leidenschaft, Handeln) sind auch mit Blumen und Weintrauben (süßes Leben, genießen) geschmückt. Eine Burg steht im Hintergrund (Sicherheit im Rücken).

Worum geht es: Offen sein und andere willkommen heißen oder aber selbst willkommen sein, Lebensfreude, Frieden, Harmonie.

Beziehung: Offenheit, Geborgenheit, aufeinander zugehen, sich freuen, genießen, sehr harmonisch, friedlich.

Beruf: Neue Kontakte, offen sein, gutes Arbeitsklima, Sicherheit im Rücken, dazugehören, Freude.

Finanzen: Sicheres Geld als Rücklage haben und sich über die Finanzen freuen und den Besitz genießen.

Zeit: 4 Tage (Stäbe = Tage / 4 = 4)

Dies tun = Ratschlag: Aus sich herausgehen und auf andere zugehen und das Zusammensein genießen.

5 Stäbe

Das Bild: Mehrere Personen rangeln mit den Stäben (Bewegung, Lebendigkeit, Kraft). Sie reiben sich oder messen ihre Kräfte, wobei es mehr nach einem Spiel als nach Kampf aussieht, daher spielerischer Umgang mit den Kräften. Eine Herausforderung im positiven Sinne (gesunder Wettbewerb).

Worum geht es: Sportlicher Ehrgeiz, gesundes Kräftemessen bzw. positive Herausforderungen, die man gewinnen will.

Beziehung: Lebendigkeit, Herausforderung, zusammenraufen, sich aneinander reiben.

Beruf: Konkurrenzkampf, Kräftemessen, Herausforderung, Mut.

Finanzen: Finanzelle Herausforderungen oder sich bei einem Angebot gegenüber dem Wettbewerb durchsetzen bzw. mithalten können, sich beweisen.

Zeit: 5 Tage (Stäbe = Tage / 5 = 5)

Dies tun = Ratschlag: Die Herausforderung annehmen und beweisen, was man kann.

6 Stäbe

Das Bild: Am Stab (Abenteuer, Handeln, Aktivität) befindet sich der Lorbeerkranz (Siegestrophäe). Der Reiter sitzt fest und sicher im Sattel und bringt den Sieg heim.

Worum geht es: Gute Nachrichten, einen Sieg, Erfolg, feste bzw. sichere Position, um Positives in Gang bzw. heimzubringen.

Beziehung: Gute Nachrichten, Probleme lösen sich, sehr positiv, am Ziel sein, Eroberung.

Beruf: Erfolg, Anerkennung, einen Sieg erringen, gute Arbeit machen, gelobt werden, Beförderung.

Finanzen: Auf dem Erfolgsweg, es entwickelt sich sehr positiv bzw. kann man auch Geld gewinnen.

Zeit: 6 Tage (Stäbe = Tage / 6 = 6)

Dies tun = Ratschlag: Selbstbewusst und zuversichtlich vorgehen und auf Sieg setzen. Gute Nachrichten sind zu erwarten.

7 Stäbe

Das Bild: Ein Mann wird von 6 Stäben (Herausforderung) angegriffen und hält einen Stab (Mut, Kraft, Handeln) vor sich in Abwehrhaltung bzw. zur Verteidigung und zum Kampf bereit. Er steht weiter oben, hat also eine gute Position, um sich durchzusetzen.

Worum geht es: Bereitschaft, die Herausforderung anzunehmen und sich durchzusetzen bzw. den Angriff erfolgreich abwehren.

Beziehung: Bedrohung der Beziehung durch Dritte, Eifersucht, Neid, Streit, angegriffen werden, um die Beziehung kämpfen.

Beruf: Mobbing, Intrigen, Angriffe, man wird herausgefordert, den eigenen Standpunkt oder Position erfolgreich verteidigen.

Finanzen: Den eigenen Standpunkt verteidigen, Herausforderung, Bedrohung, Angriff, sich durchsetzen.

Zeit: 7 Tage (Stäbe = Tage / 7 = 7)

Dies tun = Ratschlag: Hellwach sein, um sich erfolgreich und entschlossen verteidigen zu können, sich durchsetzen.

8 Stäbe

Das Bild: Die 8 Stäbe (Veränderung, viel Bewegung, viel Energie) fliegen durch die Luft (Schwingung, Reise, unterwegs), also geht es um etwas, was in der Luft liegt (Nachricht, Neuigkeit) oder schon im Anflug ist (bald da, schnell). Unten das freie, grüne Land und der blaue, klare Himmel bedeuten Positives und Gutes.

Worum geht es: Schnelle Entwicklung und Ergebnisse, Ideen und Impulse von außen, ungehinderte Entfaltung.

Beziehung: Lebendigkeit, viel Energie und Bewegung, neuer Schwung, Überraschungen, Begegnung mit neuen Menschen.

Beruf: Gute Nachrichten, schnelle Entwicklung, neuer Schwung, vieles geht leichter, Projekte kommen schnell in Gang.

Finanzen: Schnelle und positive Entwicklung, viel Bewegung, ungehinderte Entfaltung.

Zeit: Ausnahme – keine 8 Tage, sondern schneller als erwartet.

Dies tun = Ratschlag: Sich für gute Neuigkeiten, Ideen und Impulse von außen öffnen und schnell entscheiden.

9 Stäbe

Das Bild: Eine wachsame Person mit einem Stab in Abwehrhaltung (bedroht fühlen). Am Kopf ein Verband (alte Wunde, verletzt worden sein) und die Angst, erneut verletzt zu werden, oder dass alte Wunden wieder aufreißen. Die weiteren 8 Stäbe (Veränderung, Handeln) sind hinter der Person als Schutz / Abgrenzung (nicht handeln wollen, verschlossen) aufgestellt.

Worum geht es: Eine alte schmerzhafte Erfahrung und die Angst vor erneuter Verletzung. Sich bedroht fühlen und sich Veränderungen verschließen.

Beziehung: Angst vor erneuter Verletzung, unnahbar, Skepsis.

Beruf: Wachsam, sich bedroht fühlen, Erreichtes verteidigen.

Finanzen: Sich Veränderungen verschließen. Auf der Hut sein, nichts an sich heranlassen.

Zeit: 9 Tage (Stäbe = Tage / 9 = 9)

Dies tun = Ratschlag: Zu neuen Einsichten kommen und sich von alten Mustern lösen.

10 Stäbe

Das Bild: So wie die Person die 10 Stäbe (Herausforderung, Taten, Kraft) trägt (ungünstig, Belastung), kann sie nach vorne hin nichts sehen. Es ist sehr beschwerlich (anstrengend, zu viel), die ganze Last allein zu tragen. Es ist anzunehmen, dass die Person es schafft und daher nur eine vorübergehende Überforderung / Belastung. Doch muss sie denn alles allein tragen?

Worum geht es: Belastungen, Verpflichtungen wachsen einem über den Kopf, überfordert, will es jedoch allein schaffen.

Beziehung: Überforderung, Bedrückung, Belastung, Krise, Stress, sich allein gelassen fühlen.

Beruf: Überlastung, alles allein machen wollen, zu viel Verantwortung tragen, schwierige Zielvorgaben oder Aufgaben.

Finanzen: Finanzsituation belastet oder macht einem Stress. Sich überlasten, wenn man alles allein schaffen will.

Zeit: 10 Tage (Stäbe = Tage / 10 = 10)

Dies tun = Ratschlag: Lerne, die Verantwortung zu teilen oder Aufgaben abzugeben, delegieren und Zeit für sich nehmen.

Bube der Stäbe

Das Bild: Der Bube ist der Impulsgeber, die Chance / Möglichkeit / Nachricht, die von außen angeboten wird. Mit dem Stab die Chance auf lebendige, motivierende Impulse bzw. Unternehmungen, wo man zupacken sollte.

Worum geht es: Zeichen für Neuanfang bzw. dass noch etwas in den Kinderschuhen steckt. Impulse, die mitreißen, begeistern und den Tatendrang fördern.

Sehr junge Person oder ein Kind: Temperamentvoll, begeisterungsfähig.

Kind mit Sternzeichen: Widder, Löwe, Schütze.

Beziehung: Spannende Zeit, heiße Affäre, neuer Liebhaber, Jugendliebe, erfrischender Impuls.

Beruf: Gute Chancen, neue Aufgabe, Motivationsschub.

Finanzen: Neue Möglichkeiten, Unterstützung finden.

Zeit: Widder (April), Löwe (August) oder Schütze (Dezember).

Dies tun = Ratschlag: Offen sein für ein gutes Angebot, sich motivieren lassen. Lebendig sein und voller Lebensfreude.

Ritter der Stäbe

Das Bild: Der Ritter reitet stürmisch drauflos und hält seinen Stab mit Unternehmungslust (Mut, Tatendrang) in der rechten Hand (Handeln, tun). Der Ritter, der Stab und auch die Feder am Helm deuten auf das Feuer, die hitzige Atmosphäre und Ungeduld hin.

Worum geht es: Der Ritter steht für die feurige, hitzige, heiße, temperamentvolle Stimmung oder Atmosphäre. Er bringt mit viel Schwung (Energie, Dynamik) eine Veränderung rein. Er will handeln und kann dabei auch ungeduldig oder unvernünftig sein. Große Entschlossenheit, Einsatzbereitschaft, Erlebnishunger = Unternehmungslust.

Mann mit Sternzeichen: Widder, Löwe, Schütze.

Beziehung: Heiße lustvolle Phase = heißblütig, Abenteuer, Strohfeuer, Leidenschaft, aufregende Zeit.

Beruf: Hitzige Stimmung, Unternehmungslust, Risikofreude.

Finanzen: Voreiligkeit, Risikofreude, schnelles Handeln, Bewegung, Veränderung.

Zeit: Widder (April), Löwe (August) oder Schütze (Dezember).

Dies tun = Ratschlag: Spontanes Handeln, der Erste sein. Andere anfeuern und mitreißen oder selbst angefeuert werden.

König der Stäbe

Das Bild: Der König steht für Würde, Reife, Aktivität, Mut, Lust, Willenskraft, zum Aufstehen bereit und die männliche Seite in einem oder auch für einen Mann. Die Krone steht für starke Willenskraft. Der Stab als Symbol für das aktive Handeln.

Worum geht es: Chef, Bruder, Freund oder jüngere Person, unverheiratet. Der König mit aktivem (männlichem) Feuer ist eine Person mit Willensstärke, dynamisch, ungeduldig, treibt Unternehmungen voran, kann andere motivieren und begeistern. Diese Person kann für Eigenschaften stehen, die jetzt für einen selbst wichtig sind (egal, ob man Frau oder Mann ist). Ansonsten handelt es sich um einen Mann, der diese Eigenschaften besitzt und mit dem man dann im Bereich der Liebe, des Berufes oder anderer Themen zu tun hat.

Mann mit Sternzeichen: Widder, Löwe, Schütze.

Beziehung: Der Partner ist stolz, selbstbewusst, temperamentvoll. Oder man hat es mit einem unverheirateten, jüngeren oder temperamentvollen Mann zu tun. Oder Partner/in begeistern, motivieren, neuen Schwung in die Beziehung bringen. Leidenschaft, Temperament und Unternehmungslust einsetzen, aber auch mal ungeduldig mit dem anderen sein.

Beruf: Mit einem Chef zu tun haben oder einem selbstbewussten Mann, der auch gern mal Risiken eingeht. Oder man stellt sich den beruflichen Herausforderungen und kommt schnell zur Sache. Aber auch Ungeduld. Risikofreudig, dynamisch, motiviert und man begeistert die anderen.

Finanzen: Mit einem jüngeren, selbstbewussten, temperamentvollen Mann zu tun haben. Oder mit Tatenkraft, Dynamik und Willen zupacken und andere gleich mit motivieren und begeistern. Selbstständigkeit.

Zeit: Widder (April), Löwe (August) oder Schütze (Dezember).

Dies tun = Ratschlag: Mutig, unternehmungslustig, hoch motiviert, großzügig und selbstbewusst sein oder auf einen solchen Mann hören. Sich Herausforderungen stellen und schnell zur Sache kommen.

Königin der Stäbe

Das Bild: Die Königin steht für Würde, Reife, Lebenskraft, Empfänglichkeit und die weibliche Seite in einem oder auch für eine Frau. Die Krone steht für starke Willenskraft. Der Stab als Symbol für viel Energie und sich gut motivieren zu lassen.

Worum geht es: Chefin, Schwester, Freundin oder jüngere Person, unverheiratet. Die Königin mit passivem (weiblichem) Feuer ist eine Person, die optimistisch ist und sich von anderen schnell begeistern und mitreißen lässt. Diese Person kann für Eigenschaften stehen, die jetzt für einen selbst wichtig sind (egal, ob man Frau oder Mann ist). Ansonsten handelt es sich um eine Frau, die diese Eigenschaften besitzt und mit der man dann im Bereich der Liebe, des Berufes oder anderer Themen zu tun hat.

Frau mit Sternzeichen: Widder, Löwe, Schütze.

Beziehung: Die Partnerin ist stolz, selbstbewusst, temperamentvoll und möchte sich bei Unternehmungen mitreißen lassen. Oder man hat es mit einer unverheirateten, jüngeren oder temperamentvollen Frau zu tun. Oder sich selbst vom Partner/in (ggf. anderen Leuten) begeistern lassen und leidenschaftlich sein. Stolz sein, Unternehmungslust und auch Risikobereitschaft zeigen.

Beruf: Mit einer Chefin zu tun haben oder einer selbstbewussten und unternehmungslustigen Frau, die auch gern mal Risiken eingeht. Oder sich durch Impulse von anderen motivieren, selbstständig und entschlossen handeln.

Finanzen: Es mit einer jüngeren oder selbstbewussten, temperamentvollen Frau zu tun haben. Oder optimistisch sein und sich durch die Tatenkraft von anderen mitreißen lassen und dabei auch mal Risiken eingehen. Selbstständigkeit.

Zeit: Widder (April), Löwe (August) oder Schütze (Dezember).

Dies tun = Ratschlag: Mutig, unternehmungslustig, hoch motiviert, kreativ, optimistisch, großzügig und selbstbewusst sein. Oder auch auf eine solche Frau hören.

Die Kelche

Element Wasser: Gefühle, Empfinden, Emotionen.

Privater Bereich: Verlangen, Hingabe, Träume, Intuition, Offenheit.

Auftrag der Kelche: Auf die innere Einstellung achten, Verbundenheit.

Umsetzung: Gefühle fließen lassen (geben, empfangen, entwickeln).

As der Kelche

Das Bild: Es fließen 5 Wasserströme (überfließende Gefühle) aus dem Kelch, der für Liebe, seelische Erfüllung und Glück steht. Die Taube stellt dabei den Frieden dar und die Hand Gottes ist der Impuls, die Chance, die geboten wird. Das Wasser im See / Meer symbolisiert die Seelentiefe oder das Meer der Gefühle.

Worum geht es: Die Chance auf Glück, Liebe, Erfüllung, Frieden und eine gute Gelegenheit. Ausdruck tiefer Gefühle.

Beziehung: Chance auf die große Liebe, glücklich, tiefe Gefühle.

Beruf: Chance, die Berufung zu finden oder dass Aufgaben einen erfüllen, Glück, gutes Händchen haben, Anerkennung.

Finanzen: Chance auf Glück, Frieden und Erfüllung.

Zeit: 1 Woche (Kelche = Wochen / 1 = 1)

Dies tun = Ratschlag: Chance auf Liebe, Glück und Erfüllung nutzen. Zuversichtlich sein, sich den eigenen Gefühlen öffnen.

2 Kelche

Das Bild: Die 2 Personen begegnen sich liebevoll und versöhnlich. Ein Mann und eine Frau stehen für die Gegensätze, die sich anziehen und zusammenkommen. Löwenkopf mit Flügeln steht für eine feurige, beflügelnde Energie / Leidenschaft.

Worum geht es: Liebevolle, freundliche, verständnisvolle Begegnung, Partnerschaft. Für den anderen offen sein.

Beziehung: Sich neu verlieben oder verliebt sein, versöhnen.

Beruf: Verständnis, guter Teamgeist, sich mit anderen zusammentun, sich verbinden, willkommen sein, kooperieren.

Finanzen: Etwas gemeinsam machen, wechselseitiges Geben und Nehmen, sich austauschen, finanzielle Partnerschaft.

Zeit: 2 Wochen (Kelche = Wochen / 2 = 2)

Dies tun = Ratschlag: Liebevoll auf andere zugehen, sich verbinden oder auch versöhnen.

3 Kelche

Das Bild: Die 3 Personen tanzen, feiern und freuen sich. Man sieht Früchte und Gemüse am Boden und in einer Hand (eingebrachte Ernte). Die 3 Kelche (Freude, glücklich, Gefühle) werden hochgehalten, um auf die gute Ernte (dankbar sein, gute Entwicklung) anzustoßen.

Worum geht es: Dankbar und zufrieden sein über das bisher Erreichte und es feiern. Emotionale Entwicklung, Wachstum, Lebensfreude, Glück und Gemeinsamkeit.

Beziehung: Liebesglück, schöne Zeit, Hochzeit, Mutterschaft.

Beruf: Freude an der Arbeit, Teamgeist, zufrieden, Beförderung.

Finanzen: Sich über Erreichtes freuen und dankbar sein. Man möchte feiern.

Zeit: 3 Wochen (Kelche = Wochen / 3 = 3)

Dies tun = Ratschlag: Das Glück genießen, mit anderen feiern, sich gemeinsamen Interessen zuwenden.

4 Kelche

Das Bild: Die Person lehnt mit verschlossenen Armen und Beinen (verschlossen sein) an einem Baum. Die Person ist beleidigt, schmollt. Der Kelch mit der Wolkenhand kommt als Chance hinzu, wird jedoch nicht gesehen. Die 3 Kelche im Vordergrund werden missmutig, verstimmt, bedrückt angesehen (sich über Gewohntes, Vertrautes nicht freuen können).

Worum geht es: Lustlos und fehlende Motivation, beleidigt sein. Trotz, Missmut, Verstimmung. Gute Chancen verpassen. Gegenwart (Gewohntes, was man hat) interessiert nicht.

Beziehung: Beleidigt, schmollen, Unlust, sich einer Versöhnung verschließen, Langeweile, Chance nicht sehen.

Beruf: Frust, Trotz, verärgert, passiv sein, Chance verpassen.

Finanzen: Gute Chancen verpassen. Stillstand.

Zeit: 4 Wochen (Kelche = Wochen / 4 = 4)

Dies tun = Ratschlag: Genauer hinsehen, umdenken, Frust erkennen und auf Dinge konzentrieren, die Freude wecken.

5 Kelche

Das Bild: Die 3 umgestürzten Kelche (Gefühle) bedeuten, dass etwas gescheitert ist. Die Person in Schwarz (Trauer, Sorgen) schaut nach unten und sieht den Fluss des Lebens, die Brücke ans andere Ufer (Rettung) und die Burg (Sicherheit) nicht. Ein Ausweg, Gutes oder die 2 aufrechten Kelche, im Rücken der Person (etwas stärkt den Rücken), werden noch nicht gesehen.

Worum geht es: Emotionaler Schmerz, Trauer, Verlust, Enttäuschung, Verzweiflung, Kummer, seelische Verletzung.

Beziehung: Liebeskummer, Enttäuschung, allein sein, Verlustangst, schmerzhafte Erfahrung, einer Liebe nachtrauern.

Beruf: Versagen, Verlustangst, Sorgen, unglückliche Zeit.

Finanzen: Etwas geht schief, enttäuscht sein, keine Möglichkeiten sehen, obwohl welche da sind.

Zeit: 5 Wochen (Kelche = Wochen / 5 = 5)

Dies tun = Ratschlag: Den Kummer verarbeiten, sich von etwas verabschieden und sich für Neues wieder zuversichtlich öffnen.

6 Kelche

Das Bild: Das Motiv ist märchenhaft und steht als Symbolik für schöne Erinnerungen – die Vergangenheit. Frühere Bilder, Wünsche, Gefühle (Kelche) tauchen wieder auf. Durch die Blumen (schön) in den Kelchen ist alles mit Positivem verbunden.

Worum geht es: Erinnerungen an vergangene Zeiten, Rückschau auf Träume, Menschen und Ziele von damals.

Beziehung: Einer alten Liebe wiederbegegnen, in Erinnerungen schwelgen, sehr vertraut sein – sich gut kennen, Altersunterschied.

Beruf: Sich an Wünsche und Ziele von damals erinnern, alte Projekte oder alte Kontakte wieder aufgreifen.

Finanzen: Sich an alte Pläne erinnern, alte Kontakte, Erfahrungen nutzen.

Zeit: 6 Wochen (Kelche = Wochen / 6 = 6)

Dies tun = Ratschlag: Prüfen, was aus alten Zielen geworden ist und diese eventuell neu beleben. Alte Kontakte wiederherstellen. Die Vergangenheit bewältigen / verarbeiten.

7 Kelche

Das Bild: Die Kelche (Empfinden) schweben in den Wolken (Wolkenschloss, Illusionen, Täuschungen, Wunschdenken) und sind mit verschiedenen Dingen (Träume, Verlangen) gefüllt. Die schwarze Person macht sich was vor oder hat Visionen. Sie sollte sich auf das Wichtigste, Wesentliche konzentrieren.

Worum geht es: Sich in Tagträumerei zu verlieren, zu viel auf einmal wollen, sich täuschen oder getäuscht werden.

Beziehung: Schwärmerei, rosarote Brille, wie im Rausch sein.

Beruf: Viele Ideen – jedoch keine umsetzen, Scheingeschäfte.

Finanzen: Zu viele Wünsche / Träume – sich nur einen wichtigen davon aussuchen und diesen verwirklichen.

Zeit: 7 Wochen (Kelche = Wochen / 7 = 7)

Dies tun = Ratschlag: Nur auf ein Ziel konzentrieren. Vorsicht vor Beeinflussung oder sich alles schönzureden / denken.

8 Kelche

Das Bild: Die Person macht sich allein (eigener Entschluss) auf den Weg und lässt die Kelche (Vertrautes) hinter sich. Der Mond steht für die Angst, die einen begleitet. Das Ziel ist noch nicht zu sehen (ins Ungewisse).

Worum geht es: Schmerzhafter Abschied (Trennung, Ablösung) von Vertrautem und Aufbruch ins Neue, jedoch noch Ungewisse.

Beziehung: Trennung, eigenen Weg gehen, einer ungewissen Zukunft entgegengehen.

Beruf: Kündigung, Umstellung, Beginn einer ungewissen Phase.

Finanzen: Abschied von der bisherigen Lebensweise und Suche nach Neuem.

Zeit: 8 Wochen (Kelche = Wochen / 8 = 8)

Dies tun = Ratschlag: Sich von Vertrautem lösen und auch wenn es schwerfällt, sich auf den Weg zu Neuem machen.

9 Kelche

Das Bild: Die Person (ein Mann) ist wohlgenährt und zufrieden. Lächelnd wartet er im Mittelpunkt der Karte auf die Ankunft von anderen. Die 9 Kelche (viele Gefühle) stehen dazu auf der Theke schon bereit. Mit anderen anstoßen wollen, sich gemeinsam freuen.

Worum geht es: Phase des Wohlbefindens, Zufriedenheit, Glück und Geselligkeit. Das Leben mit anderen genießen.

Beziehung: Gemeinsam das Leben genießen, Herzlichkeit, Glück in der Liebe.

Beruf: Gemeinsame Projekte, Grund zum Feiern, Teamgeist, Freude an der Arbeit, gute Zukunftsaussichten.

Finanzen: Gute Zeit, genießen, etwas erreicht haben.

Zeit: 9 Wochen (Kelche = Wochen / 9 = 9)

Dies tun = Ratschlag: Andere einladen, fröhlich und gelassen mit ihnen feiern. Die schöne Zeit mit allen Sinnen genießen.

10 Kelche

Das Bild: Die abgebildete Familie (Familie, wichtige Menschen) tanzt und freut sich des Lebens. Das Haus im Hintergrund steht für das schöne Zuhause. Die 10 Kelche (Vollendung des Glücks, der Erfüllung) im Regenbogen am strahlend blauen Himmel. Alles deutet auf große Freude, großes Glück, Harmonie und das schöne (richtige) Umfeld hin.

Worum geht es: Ausgeglichenheit, Harmonie, Lebensfreude, Zufriedenheit, alles ist harmonisch und gut. Angenehmes Umfeld (Personen und Ort).

Beziehung: Verlobung, Heirat, Familie gründen oder familiäres Glück, Harmonie, erfüllt sein, glücklich, tiefe Liebe.

Beruf: Teamarbeit, gutes Arbeitsklima, am Ziel sein.

Finanzen: Mit anderen den Besitz genießen und gemeinsame Freude am Geld haben.

Zeit: 10 Wochen (Kelche = Wochen / 10 = 10)

Dies tun = Ratschlag: Mit anderen das Glück genießen, Zeit für Familie und Freunde nehmen. Sich zu Hause wohlfühlen.

Bube der Kelche

Das Bild: Der Bube ist der Impulsgeber, die Chance / Möglichkeit / Nachricht, die von außen angeboten wird. Mit dem Kelch auf Liebevolles, auf Verständnis und Frieden vertrauend und sich dafür öffnen.

Worum geht es: Zeichen für Neuanfang bzw. dass noch etwas in den Kinderschuhen steckt. Chance auf einen verständnisvollen, gefühlvollen, liebevollen, freundlichen Impuls, ein Entgegenkommen, ein Kompliment oder etwas, was aufbaut oder tröstet.

Sehr junge Person oder ein Kind: Sehr gefühlvoll, hilfsbereit, sensibel, sanft.

Kind mit Sternzeichen: Krebs, Skorpion, Fische.

Beziehung: Sich verlieben, Heiratsantrag, liebevolle Geste.

Beruf: Anerkennung, Lob, freundliche Unterstützung, Freude.

Finanzen: Unterstützung, Chance auf Glück.

Zeit: Krebs (Juli), Skorpion (November) oder Fische (März).

Dies tun = Ratschlag: Offen und empfänglich sein für Entgegenkommen, Unterstützung und liebvolle Impulse.

Ritter der Kelche

Das Bild: Der Ritter ist friedlich und gelassen. Der Kelch als Symbol für Liebe, Hingabe und Erfüllung.

Worum geht es: Der Ritter steht für eine liebevolle, harmonische, fantasievolle, einfühlsame, romantische und sanfte Stimmung oder Atmosphäre. Er bringt Hilfsbereitschaft, Versöhnung und Fürsorge.

Mann mit Sternzeichen: Krebs, Skorpion, Fische.

Beziehung: Liebe, Harmonie, Geborgenheit, Freude, inneres Verstehen, glücklich und verliebt sein.

Beruf: Harmonie, gute Stimmung, Arbeit macht Freude, entspanntes friedliches Betriebsklima.

Finanzen: Harmonische friedliche Phase, Freude, Glück.

Zeit: Krebs (Juli), Skorpion (November) oder Fische (März).

Dies tun = Ratschlag: Sich liebevoll, charmant und mit guter Laune zeigen. Anregungen annehmen und die gute Stimmung für sich nutzen.

König der Kelche

Das Bild: Der König mit Krone steht für Würde, Erfahrung, Aktivität, Verständnis, Offenheit und die männliche Seite in einem oder auch für einen Mann. Der Kelch steht als Symbol für die Intuition, ein tiefes Gespür und Gefühle bewusst ausdrücken können.

Worum geht es: Hauptperson oder liebevolle Person. Der König mit aktivem (männlichem) Wasser ist eine Person, die Gefühle zeigen kann, romantisch, hilfsbereit, fürsorglich und instinktsicher ist. Diese Person kann für Eigenschaften stehen, die jetzt für einen selbst wichtig sind (egal, ob man Frau oder Mann ist). Ansonsten handelt es sich um einen Mann, der diese Eigenschaften besitzt und mit dem man dann im Bereich der Liebe, des Berufes oder anderer Themen zu tun hat.

Mann mit Sternzeichen: Krebs, Skorpion, Fische.

Beziehung: Der Partner (oder ein Mann, mit dem man zu tun hat) ist sehr liebevoll, romantisch, hingebungsvoll, verträumt, versöhnlich. Man selbst zeigt sich versöhnlich, liebevoll, romantisch, offen und sanft.

Beruf: Mit einem sympathischen, hilfsbereiten Mann zu tun haben. Er zeigt Verständnis und ist sehr intuitiv. Oder bei Projekten & Aufgaben der Intuition vertrauen. Man ist freundlich, hilfsbereit, offen und sehr verständnisvoll anderen gegenüber.

Finanzen: Mit einem liebevollen und hilfsbereiten Mann zu tun haben. Oder auf sein eigenes Gespür vertrauen und selbst hilfsbereit, offen und verständnisvoll sein. Gute Intuition.

Zeit: Krebs (Juli), Skorpion (November) oder Fische (März).

Dies tun = Ratschlag: Auf die eigenen Gefühle achten und auf die Instinkte vertrauen. Sich liebevoll und freundlich zeigen.

Königin der Kelche

Das Bild: Die Königin mit Krone steht für Würde, Erfahrung, Passivität, Verständnis, Offenheit und die weibliche Seite in einem oder auch für eine Frau. Der Kelch steht als Symbol für die Intuition, ein tiefes Gespür und Gefühle empfangen.

Worum geht es: Hauptperson oder liebevolle Person. Die Königin mit passivem (weiblichem) Wasser ist eine Person mit viel Fantasie und einer guten Intuition. Sie ist verträumt, hingebungsvoll und mitfühlend. Diese Person kann für Eigenschaften stehen, die jetzt für einen selbst wichtig sind (egal, ob man Frau oder Mann ist). Ansonsten handelt es sich um eine Frau, die diese Eigenschaften besitzt und mit der man dann im Bereich der Liebe, des Berufes oder anderer Themen zu tun hat.

Frau mit Sternzeichen: Krebs, Skorpion, Fische.

Beziehung: Die Partnerin (oder eine Frau, mit der man zu tun hat) ist sehr liebevoll, mitfühlend, hingebungsvoll, verträumt, versöhnlich. Man selbst zeigt sich versöhnlich, liebevoll, romantisch, offen und sanft.

Beruf: Mit einer hilfsbereiten, sympathischen Frau zu tun haben. Sie zeigt Verständnis und ist sehr intuitiv. Oder bei Projekten & Aufgaben der Intuition vertrauen oder die Fantasie mal mit rein nehmen. Man ist hilfsbereit, offen und sehr verständnisvoll anderen gegenüber.

Finanzen: Mit einer liebevollen und hilfsbereiten Frau zu tun haben. Oder auf sein eigenes Gespür vertrauen und selbst hilfsbereit, offen und verständnisvoll sein. Gute Intuition.

Zeit: Krebs (Juli), Skorpion (November) oder Fische (März).

Dies tun = Ratschlag: Sich aus vollem Gefühl (dem Herzen heraus) hingeben. Dem eigenen Gespür / Intuition vertrauen oder auf Träume achten.

Die Münzen

Element Erde: Stabilität, Körper, Verwirklichung, Ergebnis.

Sozialer Bereich: Arbeit, Materielles, Sicherheit, Werte, Wachstum.

Auftrag der Münzen: Reale & greifbare Ziele verwirklichen, absichern.

Umsetzung: Talente einsetzen / erwerben, was aufbauen, Ergebnisse.

As der Münzen

Das Bild: Die große Münze steht für Werte, Talente und Streben nach Wachstum (Reichtum). Die grüne Landschaft unten im Bild stellt den fruchtbaren Boden dar oder auch das blühende Leben. Die Hand Gottes ist der Impuls, die Chance, die dazu geboten wird.

Worum geht es: Die Chance, sein Glück zu machen und seine Ziele zu verwirklichen. Es geht um innere Selbstsicherheit und auch im Außen die materielle Sicherheit zu erreichen.

Beziehung: Glück, Stabilität, Sicherheit in der Liebe, Chance oder Beginn einer wertvollen Partnerschaft.

Beruf: Gute Chance, viel Geld zu verdienen oder einen Job zu finden, Anerkennung, Stabilität, Erfolg.

Finanzen: Chance auf gutes Ergebnis nutzen, Erfolg.

Zeit: 1 Monat (Münzen = Monate / As = 1)

Dies tun = Ratschlag: Chance auf ein gutes Ergebnis nutzen.

2 Münzen

Das Bild: Der tanzende Harlekin steht für Bewegung und Flexibilität. Er spielt mit den beiden Münzen (Möglichkeiten). Die Schiffe in den Wellen im Hintergrund stehen für die Wellen im Leben (sich dem Auf und Ab anpassen).

Worum geht es: Sich den Veränderungen im Leben anpassen, das Auf und Ab als normal zu betrachten und Widersprüche in die Hand zu nehmen.

Beziehung: Schwankungen, lockere Einstellung, unbeschwerte Zeit, neugierig und verspielt.

Beruf: Mehrere Jobs, locker sein, risikobereit, flexibel.

Finanzen: Mit den Möglichkeiten spielen, bevor man sich entscheidet. Unverbindlich sein und es leichtnehmen.

Zeit: 2 Monate (Münzen = Monate / 2 = 2)

Dies tun = Ratschlag: Flexibel und noch unverbindlich sein. Offen sein für die Veränderungen im Leben.

3 Münzen

Das Bild: Die 2 Personen rechts prüfen die Arbeit der Person links (Prüfung). Dies ist ein Steinmetz (Arbeiter) und steht auf einer Bank, also bereits erhöht (höhere, bessere Ebene).

Worum geht es: Seine Fähigkeiten unter Beweis stellen. Gute Arbeit machen und dafür Anerkennung bekommen.

Beziehung: Eine höhere (reifere) Ebene betreten, Stabilität, an der Liebe arbeiten – sie verschönern.

Beruf: Beförderung, sich beweisen, sich verbessern, eine Arbeit bekommen, Ende einer Ausbildung – Prüfung.

Finanzen: Fortschritt, Wachstum, sich verbessern.

Zeit: 3 Monate (Münzen = Monate / 3 = 3)

Dies tun = Ratschlag: Eine alte Phase abschließen und auf einer reiferen Ebene weitermachen.

4 Münzen

Das Bild: Die Person steht auf 2 Münzen (unbeweglich, auf der Sicherheit stehen, darauf bauen) und umklammert kreisförmig eine Münze fest mit den Armen und Händen (festhalten wollen, klammern, sich im Kreis drehen). Die Münze (Sicherheit) auf der Krone (Ideen, Erkenntnisse) ist ebenfalls unbeweglich, wenn man sie behalten will. Starre Haltung, keine neuen Ideen zulassen.

Worum geht es: Verlustängste und mangelnde Beweglichkeit, übertriebenes Sicherheitsbedürfnis.

Beziehung: Klammern, einengende Beziehung, Verlustangst.

Beruf: Verlustangst, Geiz, Starrheit, festhalten an alten Dingen, Sicherheit zulasten der Lebendigkeit / Beweglichkeit.

Finanzen: Unbeweglich sein, hamstern, Verlustangst.

Zeit: 4 Monate (Münzen = Monate / 4 = 4)

Dies tun = Ratschlag: Vorsichtig sein und lieber auf Nummer sicher gehen. Sich allerdings von zu starren Fixierungen lösen.

5 Münzen

Das Bild: Die 2 Bettler (arm, Mangel) stapfen vor einem Kirchenfenster (draußen, ausgeschlossen von der Wärme, dem Licht) barfuß und krank durch den Schnee (Kälte, Härtetest).

Worum geht es: Verlust von Sicherheit, ausgeschlossen von Wärme und Licht. Durch die Entbehrung / Durststrecke hindurchgehen und den Härtetest überstehen.

Beziehung: Krise, Härtetest, zu kurz kommen, ungeliebt fühlen, unsicher und verlassen, Rangunterschied der Partner.

Beruf: Mangel, Durststrecke, schlechte Bezahlung / Ergebnisse, unsicherer Arbeitsplatz, Aushilfsjob, sich ausgeschlossen fühlen.

Finanzen: Entbehrung, finanzieller Engpass, Härtetest.

Zeit: 5 Monate (Münzen = Monate / 5 = 5)

Dies tun = Ratschlag: Sich auf eine Durststrecke einstellen und versuchen, das Beste daraus zu machen, sich neu orientieren.

6 Münzen

Das Bild: Die Person in der Mitte ist wohlhabend und gibt Münzen (Geld, Sicherheit) ab (teilen). Die beiden Bettler nehmen das Geld an, sie lassen sich helfen (Unterstützung, Hilfe, Geschenke). Die Waage in der Hand steht für die gerechte Verteilung, das gute Gleichgewicht von Geben und Nehmen, ein ausgewogenes Handeln. Beschenken und beschenkt werden.

Worum geht es: Hilfsbereitschaft, großzügig sein, teilen und auch selbst Hilfe annehmen.

Beziehung: Schenken und beschenkt werden, verständnisvoll, sich unterstützen, im Gleichgewicht, tolerant, verlässlich, treu.

Beruf: Unterstützung bekommen oder geben, Hilfe, Förderung, lohnende Projekte, gutes Geld verdienen, Prämie erhalten.

Finanzen: Geben und Nehmen im Gleichgewicht, teilen. Es lohnt sich, Unterstützung, Geschenke.

Zeit: 6 Monate (Münzen = Monate / 6 = 6)

Dies tun = Ratschlag: Sich großzügig zeigen, aber nur geben, was man auch geben kann. Anderen helfen und auch selbst Hilfe annehmen.

7 Münzen

Das Bild: Der Gärtner stützt sich nach der erledigten Arbeit auf seinen Spaten (abwarten) und betrachtet die Münzen (Werte) im Strauch und dass sie reif werden (Wachstumsphase, Ergebnisse). Dem Reifeprozess Zeit geben (Geduld).

Worum geht es: Geduld haben und auf das gute Ergebnis warten. Nach getaner Arbeit den Dingen ihren Lauf lassen, aber auch Bilanz ziehen, was bisher schon erreicht wurde.

Beziehung: Langsame Entwicklung einer erfüllenden Liebe, abwarten, Wachstum, Schwangerschaft.

Beruf: Geduld bringt gute Ergebnisse, die heranreifen, langsamer Fortschritt, Ausdauer bewahren.

Finanzen: Reifungsphase, abwarten, dann wird es ein gutes Ergebnis bringen.

Zeit: 7 Monate (Münzen = Monate / 7 = 7)

Dies tun = Ratschlag: Abwarten und auf den langfristigen Erfolg setzen. Schritt für Schritt etwas aufbauen.

8 Münzen

Das Bild: Die Person wird hier als Lehrling angesehen, der Schritt für Schritt das Ziel erreicht. Er arbeitet momentan an einer Münze (Talent, Arbeit), hat aber schon 6 Münzen (Wachstum) aufgereiht / aufgehängt (stolz auf schon Erreichtes sein, etwas aufbauen).

Worum geht es: Neue Fähigkeiten zu lernen und sich etwas aufzubauen, an die Arbeit machen, etwas verwirklichen.

Beziehung: Neustart und sich gemeinsam etwas aufbauen, etwas Schritt für Schritt lösen, Neues ausprobieren.

Beruf: Ausbildung, Neustart, in der Aufbauphase sein, es ist noch einiges zu lernen – doch es lohnt sich auch langfristig.

Finanzen: Es ist noch viel zu lernen, doch es lohnt sich, am Ball bleiben und einen dauerhaften Erfolg sicherstellen.

Zeit: 8 Monate (Münzen = Monate / 8 = 8)

Dies tun = Ratschlag: Fleißig sein und etwas Neues wagen. In kleinen Schritten vorwärtsgehen und gute Ergebnisse erzielen.

9 Münzen

Das Bild: Die Frau ist gut gekleidet (Wohlstand) und hält in der linken Hand einen Jagdfalken (Beute machen, im richtigen Moment zufassen), den sie abgerichtet hat und für sich nutzt. Die 9 Münzen (Gewinn, Geld, Ergebnisse) sind zusammen mit den vielen Weintrauben ein Zeichen für reiche Ernte, das süße Leben und den Genuss. Die kleine Schnecke unten links bedeutet, in sich zu Hause sein, sich nach innen zurückziehen können.

Worum geht es: Wohlstand, Besitz, inneren und äußeren Reichtum, gute Gelegenheiten nutzen.

Beziehung: Glück in der Liebe, genießen, große Bereicherung.

Beruf: Gute Gelegenheit, Gewinne, gutes Händchen haben, Erfolg, Beförderung, Gehaltserhöhung, Glück.

Finanzen: Im richtigen Moment zufassen, Gewinn, Erfolg und auch sicheres Geld (gut abgesichert).

Zeit: 9 Monate (Münzen = Monate / 9 = 9)

Dies tun = Ratschlag: Gelegenheit nutzen und auch mal mehr riskieren, die Zeit ist günstig für Gewinne und Erfolg.

10 Münzen

Das Bild: Die Personen (Familie) sind gut gekleidet und zeigen zusammen mit den 10 Münzen Reichtum, Wohlstand und Sicherheit an. Die beiden Hunde stellen die hilfreichen Instinkte dar. Der Torbogen und der Turm im Hintergrund bedeuten Schutz und Achtsamkeit. Die Weinreben sind die Süße des Lebens.

Worum geht es: Innere und äußere Sicherheit, zufrieden sein. Alles ist reichlich vorhanden, das Leben genießen.

Beziehung: Familiengründung, Stabilität, Erfüllung, genießen, glücklich, Nestbau.

Beruf: Sicherer Arbeitsplatz, gute Projekte, Erfolg.

Finanzen: Feste Grundlage, Sicherheit, Erfolg, Glück und zufrieden damit, den Wohlstand genießen können.

Zeit: 10 Monate (Münzen = Monate / 10 = 10)

Dies tun = Ratschlag: Den inneren und äußeren Reichtum erkennen, wertschätzen und genießen. Sich von den Instinkten leiten lassen.

Bube der Münzen

Das Bild: Der Bube ist der Impulsgeber, die Chance / Möglichkeit / Nachricht, die von außen angeboten wird. Mit der Münze die Chance, etwas abzusichern oder etwas Nützliches oder Wertvolles zu bekommen (Unterstützung, Geld).

Worum geht es: Zeichen für Neuanfang bzw. dass noch etwas in den Kinderschuhen steckt. Chance auf Unterstützung oder Geld zu verdienen oder gute Gelegenheiten, etwas zu erreichen und abzusichern.

Sehr junge Person oder ein Kind: Fleißig, zuverlässig, gutmütig.

Kind mit Sternzeichen: Stier, Jungfrau, Steinbock.

Beziehung: Ehrlichkeit, bereichernd, hilfreicher Partner.

Beruf: Solider Vorschlag, gutes Angebot, Chance auf Geld, Hilfe.

Finanzen: Wertvoller Impuls, attraktive Chance, Unterstützung bekommen.

Zeit: Stier (Mai), Jungfrau (September) oder Steinbock (Januar).

Dies tun = Ratschlag: Sich für neue Ideen und Gelegenheiten öffnen und auch Hilfe bekommen.

Ritter der Münzen

Das Bild: Der Ritter ist kraftvoll (tüchtig). Die Münzen als Symbol für Werte, Geschick, Sicherheitsbedürfnis und Wirtschaftlichkeit.

Worum geht es: Der Ritter steht für eine ruhige, natürliche, vertrauensvolle, verlässliche, beständige, solide, fruchtbare, erschaffende Stimmung oder Atmosphäre. Er bringt Realismus, Konsequenz, Sachlichkeit, Sorgfalt, Tatkraft, Bodenständigkeit und Standfestigkeit.

Mann mit Sternzeichen: Stier, Jungfrau, Steinbock.

Beziehung: Vertrautheit, Treue, Sinnlichkeit, Beständigkeit.

Beruf: Solide Geschäfte, Wertvolles erreichen, sicherer Arbeitsplatz, vertrautes Betriebsklima.

Finanzen: Wertvolles erreichen, Sicherheit und stabile Entwicklung. Es lohnt sich, jetzt zuzupacken. Hilfe bekommen, neue Festigkeit.

Zeit: Stier (Mai), Jungfrau (September) oder Steinbock (Januar).

Dies tun = Ratschlag: Auf Vertrautes und Bewährtes setzen und mit Fleiß und Ausdauer etwas erreichen.

König der Münzen

Das Bild: Der ältere König mit Krone steht für Würde, Erfahrung, Aktivität, Sinnlichkeit, große Produktivität und die männliche Seite in einem oder auch für einen Mann. Die Münzen als Symbol für das Geschick (Talent) und Sicherheitsbedürfnis.

Worum geht es: Vater oder ältere Person, verheiratet, gut versorgt. Der König mit aktiver (männlicher) Erde ist eine Person, die praktisch veranlagt, tatkräftig, konsequent und materiell ist. Diese Person kann für Eigenschaften stehen, die jetzt für einen selbst wichtig sind (egal, ob man Frau oder Mann ist). Ansonsten handelt es sich um einen Mann, der diese Eigenschaften besitzt und mit dem man dann im Bereich der Liebe, des Berufes oder anderer Themen zu tun hat.

Mann mit Sternzeichen: Stier, Jungfrau, Steinbock.

Beziehung: Der Partner / neuer Mann ist schon älter oder auch verheiratet oder hat Geld. Er ist treu. Ggf. wird der Mann Vater oder der Vater mischt sich in die Beziehung ein. Oder man ist realistisch, gutmütig, genießerisch, aber auch konsequent und tatkräftig. Langfristiges Denken und Handeln und die Beziehung absichern oder auch fester und verbindlicher machen.

Beruf: Mit einem älteren oder gut versorgten Mann zu tun haben. Tatkräftige Arbeit oder dabei sehr fleißig und geschäftstüchtig sein. Man hat ein gutes Händchen für die Finanzen, bleibt dabei bodenständig und realistisch. Ergebnisse absichern und langfristig denken. Ggf. Arbeit, wo man mit Geld zu tun hat.

Finanzen: Mit einem älteren oder verheirateten Mann zu tun haben. Es geschickt handhaben und Erreichtes absichern oder auf Langfristigkeit bauen. Gesunden Realitätssinn einsetzen. Mehr auf den langfristigen Gewinn setzen.

Zeit: Stier (Mai), Jungfrau (September) oder Steinbock (Januar).

Dies tun = Ratschlag: Erreichtes klug und solide absichern oder auf den Rat eines Realisten hören. Mehr auf langfristige Entwicklungen setzen.

Königin der Münzen

Das Bild: Die ältere Königin mit Krone steht für Würde, Erfahrung, Passivität, Empfänglichkeit, Fürsorge, Offenheit und die weibliche Seite in einem oder auch für eine Frau. Die Münzen als Symbol für das Geschick (Talent) und Sicherheitsbedürfnis.

Worum geht es: Mutter oder ältere Person, verheiratet, gut versorgt. Die Königin mit passiver (weiblicher) Erde ist eine Person, die treu und sachlich ist. Sie braucht die materielle Sicherheit. Diese Person kann für Eigenschaften stehen, die jetzt für einen selbst wichtig sind (egal, ob man Frau oder Mann ist). Ansonsten handelt es sich um eine Frau, die diese Eigenschaften besitzt und mit der man dann im Bereich der Liebe, des Berufes oder anderer Themen zu tun hat.

Frau mit Sternzeichen: Stier, Jungfrau, Steinbock.

Beziehung: Die Partnerin / neue Frau ist schon älter oder auch verheiratet oder braucht materielle Sicherheiten. Sie ist treu und verlässlich. Ggf. wird die Frau Mutter oder die Mutter mischt sich in die Beziehung ein. Oder man braucht selbst die materielle Sicherheit, ist realistisch und verantwortungsvoll. Die Beziehung pflegen, bewahren, treu sein.

Beruf: Mit einer älteren oder gut versorgten Frau zu tun haben. Ggf. braucht eine Kundin, Kollegin oder man selbst mehr Sicherheiten. Praktische Arbeit oder dabei sehr fleißig und sorgsam sein. Ggf. Arbeit im Pflegebereich oder wo man mit Geld zu tun hat.

Finanzen: Mit einer älteren oder verheirateten Frau zu tun haben. Es geschickt handhaben. Verantwortung übernehmen, verlässlich sein. Bodenständig bleiben. Zuverlässigkeit, auf Sicherheiten achten, sachlich bleiben.

Zeit: Stier (Mai), Jungfrau (September) oder Steinbock (Januar).

Dies tun = Ratschlag: Talente, Wohlstand, Sicherheit, Vertrauen zu schätzen wissen und bewahren. Zuverlässig sein oder auf eine praktisch veranlagte und zuverlässige Frau hören.

Die kleinen Legungen

zur Liebe,

dem Beruf

und den Finanzen

Legesystem mit 3 Karten zu allen 3 Bereichen

Dieses Legesystem ist eines der leichtesten.

- Einfach 3 Karten ziehen auf einen Gedanken / eine Frage und die Antwort deuten.
- Oder du legst für Vergangenheit, Gegenwart und Zukunft jeweils eine Karte hin.
- Oder was nimmt an Einfluss ab, was ist gerade wichtig und was wird wichtig werden?
- Oder wie ist die Entwicklung – Jetzt – Nahe Zukunft – Ferne Zukunft?
- Oder als Tageskarten und dann die Kombination der 3 Karten als Tagestendenz nehmen.
- Wie ist die Entwicklung in nächster Zeit?
- Wie ist die Entwicklung in einer Woche, einem Monat und einem Jahr?
- Was denkt der andere, was denke ich und was ist unsere Gemeinsamkeit? (Kann man auf die jeweils andere Person beziehen oder auf die Partnerschaft allgemein. Also, was denkt er über mich oder eben was denkt er über unsere Partnerschaft?)
- Was soll ich tun, was soll ich lassen, wie ist das Ergebnis?

Und viele weitere Möglichkeiten. Hier kannst du deiner Fantasie freien Lauf lassen und bestimmen, für was die Karte stehen soll. Also erst definieren, dann Frage dazu stellen und dann Karten auslegen und deuten.

Beispiel zum Beruf:

Wie ist die Entwicklung in nächster Zeit?
(So für die nächsten 2 Monate für die Selbstständigkeit möchte die fragende Person wissen.)

König der Stäbe – 6 Schwerter – Der Teufel

Die Deutung:
Man nimmt hier etwas mit Feuereifer in die Hand und wechselt seine Aufgaben bzw. steuert hier wohl neue Ziele an. Jedoch muss man auch von etwas Abschied nehmen, damit es ruhiger wird, wo man hinsteuert. Dabei sollte die fragende Person jedoch aufpassen und bestimmten Verlockungen widerstehen, sich nicht abhängig machen bzw. auf saubere Geschäfte achten, denn der Teufel mahnt auch zur Vorsicht.

Beispiel zu den Finanzen

Wie ist die Entwicklung in einer Woche, einem Monat und einem Jahr?

Die Welt – 9 Münzen – 5 Münzen

Die Deutung:
Für die nächste Woche sieht es gut aus. Die fragende Person wird zufrieden sein, ggf. auch Glück und Erfolg mit dem Geld. Auch in einem Monat sieht es gut aus. Man hat inneren und auch äußeren Reichtum, Besitz und Wohlstand erreicht, weil man den Erfolg für sich genutzt und im richtigen Moment zugefasst hat. In einem Jahr jedoch wird es einen Engpass geben, Unsicherheit bei den Finanzen und vielleicht auch Verluste.

Durch die Karten kann die Person nun die gute Zeit, die erst mal vor ihr liegt, nutzen und Besitz anschaffen bzw. Rücklagen bilden, damit sie dann in einem Jahr den Engpass hinsichtlich der Einnahmen oder ggf. höhere Ausgaben besser ausgleichen kann und vorbereitet ist. Oder sie nimmt es als Warnung, in der zweiten Jahreshälfte besser aufzupassen, worin man investiert oder was man wirklich braucht und steuert so besser ihre Finanzen und kann durch ein verändertes Handeln die Krise der 5 Münzen noch abwenden.

Beispiel zur Liebe / Partnerschaft

Was denkt der andere über mich, was denke ich über ihn und was ist unsere Gemeinsamkeit in der Ehe?

6 Münzen – Mäßigkeit – 5 Kelche

Die Deutung:
Der Partner denkt über die Fragestellerin, dass sie treu ist, verlässlich, verständnisvoll und hier ein Gleichgewicht im Geben und Nehmen herrscht.
Die Fragestellerin denkt über ihren Mann ganz ähnlich, denn auch sie sieht in ihm den Ausgleich, die Harmonie, dass er sehr friedlich ist, man ein gutes Verhältnis hat und er seine Gefühle zeigen und fließen lassen kann.
Bei der Gemeinsamkeit liegt nun die 5 der Kelche, was auf den ersten Blick vielleicht etwas erschreckt. Da beide den anderen jedoch so positiv sehen, würde ich hier bei der Deutung davon ausgehen, dass die Gemeinsamkeit darin liegt, dass beide schmerzhafte Erfahrungen hinter sich haben und dort auch vielleicht noch zu oft darüber sprechen, dahin schauen, anstatt lieber mit dem Partner über das Schöne, Vorhandene in dieser Ehe zu reden. Denn die aufrecht stehenden Kelche sind die Möglichkeiten, die gerade da sind, die man aber nicht so sehr beachtet, weil der Rücken dazu gekehrt ist und man lieber auf die Enttäuschungen blickt. Als Tipp an die Ehe könnte man der Ratsuchenden auch sagen, dass beide mehr auf die guten Dinge achten sollten, die Möglichkeiten, die da sind und weniger auf die Zeiten, in denen es mal nicht so gut läuft oder man vielleicht auch den Partner nicht versteht und sich allein fühlt. Hier kann man auch mehr die Optionen dieser Partnerschaft nutzen, als man es bisher getan hat.

Legesystem „Das Kreuz" zu allen 3 Bereichen

Das Kreuz wird üblicherweise mit 4 Karten in der Form eines Kreuzes ausgelegt. Da die vierte Karte das Ergebnis anzeigen soll und oft dann gefragt wird, wann das sein wird, lege ich meist noch eine fünfte Karte mit dazu, um eine Aussage zur Zeit zu bekommen.

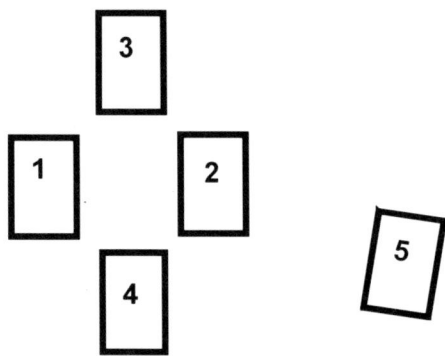

1 = Das Thema, darum geht es.

2 = Das sollte man nicht tun.

3 = Das sollte man tun, der Ratschlag der Karten.

4 = Das zu erwartende Ergebnis / die Zukunft.

Hinweis: Die Karte 5 wird nur gelegt, wenn man auch eine Zeitaussage wissen möchte.

5 = Die Zeitaussage, wann trifft das Ergebnis, die Zukunft ein.

Beispiele für Fragen:

- Wie soll ich mich verhalten?
- Was ist jetzt wichtig und was unwichtig?
- Was soll ich tun, was lassen und wohin führt mich dann mein Weg?

Beispiel zum Beruf:

Beruflich hat die Fragestellerin einen neuen Partner gefunden, mit dem man jetzt ein gemeinsames Geschäft aufbauen möchte. Was soll sie also tun, was lassen und wohin entwickelt sich diese berufliche Zusammenarbeit?

1 = Das Thema, darum geht es

Narr: Offen sein und es einfach ausprobieren, sich auf Neues einlassen, neugierig in diese Zusammenarbeit gehen, denn eine neue Phase beginnt.

2 = Das sollte man nicht tun

Königin der Stäbe: Alles selbstständig machen, die Chefin rauskehren (betrifft die Fragestellerin als Person dann selbst). Oder auch nicht zu großzügig oder zu mutig sein. Zu viel Optimismus und Risikofreude (durch das Feuerelement) sind auch nicht gut. Also von daher nicht zu sehr vom Berufspartner begeistern und mitreißen lassen, sondern auch auf Risiken achten.

3 = Das sollte man tun, der Ratschlag der Karten

10 Münzen: An guten Projekten dranbleiben, denn hier liegt der Erfolg. Sich von den Instinkten leiten lassen, an Sicherheiten denken und ansonsten zufrieden sein und wertschätzen, was man erreichen kann oder dann auch erreicht hat.

4 = Das zu erwartende Ergebnis / die Zukunft

Stern: Eine aussichtsreiche Zukunft, die sich lohnt und wo man auch beschützt wird und einfach unter einem guten Stern steht. Glück, Erfolg und es wird sich sogar besser entwickeln als am Anfang gedacht.

5 = Die Zeitaussage, wann trifft das Ergebnis, die Zukunft ein

6 Münzen: in ca. 6 Monaten.

Beispiel zu den Finanzen

Auch bei diesem Beispiel geht es noch mal um die neue berufliche Partnerschaft, da die Fragestellerin in die gemeinsamen neuen Projekte ja auch einiges an Geld investieren wird. Daher die Frage, was sie im Bezug zum Geld nun tun soll, was lieber lassen und wie das Ergebnis aussehen wird.

1 = Das Thema, darum geht es

Bube der Stäbe: Es steckt noch in den Kinderschuhen und bringt neue Möglichkeiten, d. h. das Geld ist erst mal noch kleiner (wie das Kind), kann aber wachsen und durch den eigenen Tatendrang andere begeistern und mitreißen und somit Unterstützung finden.

2 = Das sollte man nicht tun

Königin der Stäbe: Die gleiche Karte wie eben auch schon. In Bezug auf die Finanzen dann nicht zu große Summen investieren, zu mutig oder risikofreudig sein. Lieber erst mal klein anfangen, was ja auch die Karte auf Platz 1 bestätigt. Sich wiederum vom Partner mitreißen und begeistern lassen und dann mehr investieren, als man wollte, ist nicht so gut. Also auf ein gesundes Verhältnis achten.

3 = Das sollte man tun, der Ratschlag der Karten

Der Turm: Einen finanziellen Neustart wagen, auch wenn es am Anfang vielleicht schmerzhaft ist (also weniger Gewinn als gedacht bringt), kann sich etwas reinigen und dadurch dann auch finanziell zum Durchbruch führen.

4 = Das zu erwartende Ergebnis / die Zukunft

6 Kelche: Altes neu beleben, Erfahrungen nutzen.

5 = Die Zeitaussage, wann trifft das Ergebnis, die Zukunft ein

Die Liebenden: Witzigerweise kam hier auch eine Zeitangabe, die sich wohl auf 6 Monate bezieht. Denn ich denke, 6 Tage

oder 6 Wochen, das wäre zu schnell. Und die 6 Monate passen zur vorherigen Legung beim Beruf, wo es ja um die gleiche Partnerschaft ging.

Beispiel zur Liebe / Partnerschaft

Die Fragestellerin ist seit 2 Jahren mit ihrem Freund zusammen und will wissen, wie es so weitergeht. Ob sie in der Beziehung was lassen soll, was Bestimmtes tun soll oder wie die Zukunft so aussieht.

1 = Das Thema, darum geht es

Mäßigkeit: Sehr viele Gefühle fließen, man ist im Einklang und hat ein gutes und gesundes Verhältnis zueinander.

2 = Das sollte man nicht tun

3 Münzen: An der Liebe arbeiten oder versuchen, sie noch zu verschönern, um eine noch reifere Ebene in der Partnerschaft zu erreichen, wäre im Moment eher ungünstig.

3 = Das sollte man tun, der Ratschlag der Karten

Bube der Schwerter: Viel miteinander reden, den Kopf (kluger Verstand) einsetzen.

4 = Das zu erwartende Ergebnis / die Zukunft

Gerechtigkeit: Geben und Nehmen sind in dieser Partnerschaft im Gleichgewicht. Man ist ehrlich zueinander und mit der Karte davor kann man praktisch über alles miteinander reden.

5 = Die Zeitaussage, wann trifft das Ergebnis, die Zukunft ein

Ritter der Stäbe: Je nach Fragezeitpunkt die Zeit von Widder, Löwe oder Schütze. Es wurde im Februar gefragt, somit kommt zuerst der Widder und es wird dann wohl der März/April sein.

Legesystem „Zukunft" zu allen 3 Bereichen

Das Legesystem Zukunft wird üblicherweise mit 5 Karten ausgelegt. Da die fünfte Karte das Ergebnis anzeigen soll und oft dann gefragt wird, wann das sein wird, lege ich meist noch eine sechste Karte mit dazu, um eine Aussage zur Zeit zu bekommen.

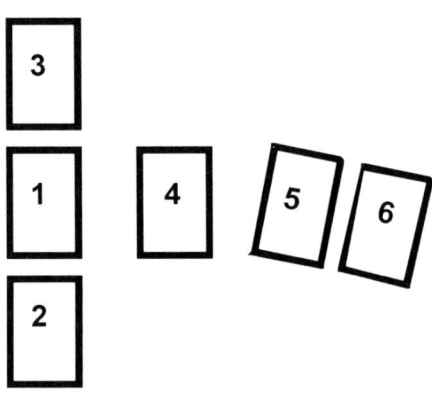

1 = Das Thema, darum geht es.

2 = Der Einfluss bzw. die Prägung durch die Vergangenheit.

3 = Das kommt als neuer Einfluss hinzu, was zu beachten ist.

4 = Ratschlag, das sollten Sie jetzt tun.

5 = Das zu erwartende Ergebnis / die Zukunft.

6 = Die Zeitaussage, wann trifft das Ergebnis, die Zukunft ein.

Beispiel zum Beruf

Einfach die berufliche Zukunft, wie es weitergeht …

1 = Das Thema, darum geht es

Der Wagen: Neue Aufgaben und neue Wege ausprobieren, sich mutig auf den Weg machen und Einsatz zeigen, so kommt man auch vorwärts.

2 = Der Einfluss bzw. die Prägung durch die Vergangenheit

As der Münzen: Einen Job gefunden, Anerkennung, Stabilität, Erfolg und gute Chancen mit seiner Arbeit, Geld zu verdienen.

3 = Das kommt als neuer Einfluss hinzu, was zu beachten ist

5 Stäbe: Die Herausforderung annehmen. Ehrgeiz haben und seine Kräfte hier unter Beweis stellen.

4 = Ratschlag, das sollten Sie jetzt tun

8 Schwerter: Die (selbst gemachten) Blockaden aufspüren, Belastungen lösen und endlich hinsehen.

5 = Das zu erwartende Ergebnis / die Zukunft

Königin der Münzen: Mit einer älteren oder gut versorgten Frau zu tun haben. Ggf. braucht eine Kundin, Kollegin oder man selbst mehr Sicherheiten. Praktische Arbeit oder dabei sehr fleißig und sorgsam sein. Ggf. Arbeit im Pflegebereich oder wo man mit Geld zu tun hat.

6 = Die Zeitaussage, wann trifft das Ergebnis, die Zukunft ein

5 Kelche: In ca. 5 Wochen.

Beispiel zu den Finanzen

Die Fragestellerin hat Probleme mit einer anderen Frau, die Geld von ihr haben will, obwohl diese den Fehler gemacht hat und die Kosten verursacht. Trotzdem steht der Ärger im Raum. Nun will die Fragestellerin wissen, wie die finanziellen Chancen sind? Ob sie zahlen muss, also Verluste macht oder alles friedlich ausgeht? Hauptsächliche Sorge ist das Geld und mögliche Einbußen, die sie ungerechtfertigt findet. Daher hier die Zukunftslegung im Hinblick auf die Geldentwicklung in dieser Angelegenheit.

1 = Das Thema, darum geht es

Der Mond: Durch die Ängste hindurchgehen, sich den Gefühlen stellen und auf den Weg machen, auch wenn es einen Engpass gibt und die Zeit unsicher ist, sollte man seiner Intuition vertrauen.

2 = Der Einfluss bzw. die Prägung durch die Vergangenheit

Der Eremit: Erkenntnisse und den eigenen Weg gefunden, es allein gemacht.

3 = Das kommt als neuer Einfluss hinzu, was zu beachten ist

Mäßigkeit: Es wird eine gesunde Entwicklung geben, wo man im Gleichgewicht ist, im Frieden damit. Einfach Geduld bewahren.

4 = Ratschlag, das sollten Sie jetzt tun

5 Stäbe: Die Herausforderung annehmen. Ehrgeiz haben und seine Kräfte hier unter Beweis stellen.

5 = Das zu erwartende Ergebnis / die Zukunft

3 Stäbe: Eine sichere Ausgangsposition haben und gute Aussichten auf den Erfolg. Zuversichtlich sein, es ist sicher.

6 = Die Zeitaussage, wann trifft das Ergebnis, die Zukunft ein

5 Kelche: In ca. 5 Wochen.

Beispiel zur Liebe / Partnerschaft

Der Fragende ist seit ein paar Jahren verheiratet und will wissen, wie es in der Ehe aussieht bzw. was aktuell die Empfehlung ist.

1 = Das Thema, darum geht es

7 Schwerter: Das Thema Fremdgehen könnte ein Sachverhalt sein. Ansonsten drückt man sich und geht Situationen oder Gesprächen mit der Partnerin lieber aus dem Weg, will flüchten oder hat Ausreden.

2 = Der Einfluss bzw. die Prägung durch die Vergangenheit

3 Schwerter: Es gab Enttäuschungen, Streit, Kummer oder auch Trennungen, die hier das Verhalten in der Ehe geprägt haben.

3 = Das kommt als neuer Einfluss hinzu, was zu beachten ist

Ritter der Stäbe: Abenteuerlust, Leidenschaft, eine lustvolle Phase, wo man aufgrund der Karte 7 Schwerter aufpassen sollte, dass es nicht zum Fremdgehen kommt, denn es wäre dann nur ein Strohfeuer, das möglicherweise anschließend mehr Schaden anrichtet, als es gut wäre. Die Leidenschaft dann lieber der Partnerin zugutekommen lassen.

4 = Ratschlag, das sollten Sie jetzt tun

3 Stäbe: Zuversichtlich sein, für einen positiven weiteren Verlauf der Ehe sorgen, dass es wachsen kann und man eine sichere und gute Basis der Ehe schafft.

5 = Das zu erwartende Ergebnis / die Zukunft

Der Wagen: Es kommt wieder Bewegung rein, vielleicht eine Art Neuanfang in der Ehe oder wo man unternehmungslustiger ist.

6 = Die Zeitaussage, wann trifft das Ergebnis, die Zukunft ein

Mäßigkeit: Geduldig abwarten, bis es hier dann wieder positiv ins Fließen kommt.

Fazit: Die Ehe könnte aufgrund derzeitiger Unzufriedenheit, wo man sich eigentlich davonstehlen möchte, wieder neuen Schwung und mehr Leidenschaft vertragen. Wieder häufiger etwas mit der Partnerin unternehmen und aktiver sein. Die Ehe basiert sicherlich auf einer guten Basis, die nur weiter gestärkt werden sollte, damit man auch weiterhin zuversichtlich ist und gute Aussichten und Wachstum hat. Auch Geduld haben und mutig mal Neues ausprobieren. Mal selbst die Richtung bestimmen, den Ton angeben und sich mal vielleicht auch von der Partnerin führen lassen (wie die 2 widersprüchlichen Pferde auf dem Wagen, doch seinen Weg finden).

Legesystem „Wandlungsschritte" zu allen 3 Bereichen

Das Legesystem Wandlungsschritte wird mit 5 Karten ausgelegt.

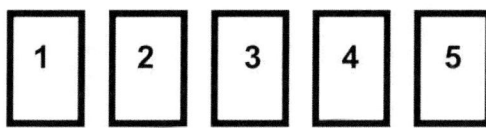

1 = Das ist vorbei und abgeschlossen.

2 = Das ist vorbei und wirkt noch nach.

3 = Darauf bewege ich mich zu.

4 = Das kommt auf mich zu.

5 = Die gegenwärtige Lernaufgabe.

Die Quintessenz zur Frage:
Alle Zahlen der Karten zusammenzählen.

Beispiel zum Beruf

Die Fragestellerin baut sich gerade ihr eigenes Business auf. Hat schon Kurse besucht und vor ein paar Wochen gestartet.

1 = Das ist vorbei und abgeschlossen

Königin der Münzen: Ich denke, hier ist die Fragestellerin selbst gemeint, die hier ihre Talente fürs Geldverdienen / Business eingesetzt hat. Verantwortungsvoll und auf Sicherheiten bedacht das Geschäftsmodell angefangen.

2 = Das ist vorbei und wirkt noch nach

Die Herrscherin: Kreativ alles anpacken und sich entfalten können. Es ist aussichtsreich und eine gute Entwicklung bisher.

3 = Darauf bewege ich mich zu

Der Stern: Toll für die Fragestellerin. Sie steht unter einem guten Stern bzw. ihr Business, ihre Ideen dazu. Zuversichtlich sein und Glück haben und eine aussichtsreiche Zukunft, die sie hier ansteuert.

4 = Das kommt auf mich zu

Gerechtigkeit: Selbstverantwortlichkeit und Fairness. Sie weiß also um die Eigenverantwortung und hält alles gut im Gleichgewicht zwischen Geben und Nehmen – Ausgewogenheit. Ich würde sagen, eine Aufgabe, die sich für alle Seiten lohnt.

5 = Die gegenwärtige Lernaufgabe

2 Kelche: Verständnis und Teamgeist zeigen. Sie könnte sich also auch noch mit anderen zusammentun, sich verbinden (ob nun mit Fachleuten, Kollegen oder Kunden). Auf jeden Fall positive Begegnungen. Als Hinweis gebe ich ihr: Sie soll nicht alles allein machen, sondern auch andere um Rat fragen, sich Feedback von Kunden holen und daraus lernen und weiter mit ihrem Business wachsen. Auf jeden Fall eine aussichtsreiche berufliche Zukunft.

Bei der Quintessenz zähle ich alle Zahlen der Karten zusammen. Die Königin hat eine 0. Der Herrscherin hat die 3, dann kommt noch 17, 11 und 2 in dieser Legung. Macht zusammen also $0 + 3 + 17 + 11 + 2 = 33 = 3 + 3 = 6$.

Die Liebenden als Ergebnis ist eine Entscheidung des Herzens, der man hier folgen kann. Gegensätze überwinden und das Gemeinsame suchen und finden.

Beispiel zu den Finanzen

Man hat in der Vergangenheit in 2 neue Projekte investiert, die bisher nur Verlust und Ärger gebracht haben. Erholen sich die Finanzen in diesen Projekten oder gibt es eine Wandlung?

1 = Das ist vorbei und abgeschlossen

5 Stäbe: Es wurde mutig angepackt. Man hat es als Herausforderung gesehen.

2 = Das ist vorbei und wirkt noch nach

9 Kelche: Etwas erreicht haben und gemeinsame Projekte, in die man hier sein Geld investiert hat.

3 = Darauf bewege ich mich zu

5 Kelche: Sorgen, Verluste. Die fragende Person schaut auch nur auf die Scherben, die vor ihr liegen, also die Verluste, die bisher halt entstanden sind, sieht aber dabei nicht, dass auch 2 Kelche im Rücken aufrecht stehen, es also auch etwas Gutes dabei gab (wenn vielleicht auch nicht das Geld, sondern mehr eine Erfahrung, die man gemacht hat, was die Karte der Lernaufgabe ja anzeigen könnte).

4 = Das kommt auf mich zu

9 Schwerter: Angst und in der Krise sein bzw. aufgrund von Sorgen vielleicht auch schlaflose Nächte, wenn man sich zu sehr auf den Verlust konzentriert und weniger auf das Erreichte, was durch die 9 Kelche und auch die 2 stehenden bei der 5-Kelche-Karte ja angezeigt wird.

5 = Die gegenwärtige Lernaufgabe

Ritter der Münzen: Auf Vertrautes und Bewährtes setzen und darauf, dass mit Ausdauer schon was erreicht werden kann. Dass es eine stabile Entwicklung ggf. ja erst langfristig gibt und man die Situation jetzt erst mal akzeptiert, wie sie ist und dem Ganzen noch Zeit gibt, um weniger Verlust und mehr Erreichtes darin zu erkennen. Möglich auch, dass man sich mehr auf seine alten Projekte und Konzepte konzentrieren sollte, da man mit den neuen Vorhaben halt mehr Geduld braucht.

Bei der Quintessenz zähle ich alle Zahlen der Karten zusammen.

5 + 9 + 5 + 9 + 0 = 28 = 2 + 8 = 10 Rad des Schicksals:

Der richtige Zeitpunkt, jetzt die Aufgabe anzupacken, annehmen, was schicksalhaft kommt. Dabei die Talente / Fähigkeiten nutzen (10 = 1 Der Magier), die in einem sind.

Beispiel zur Liebe / Partnerschaft

Verheiratet seit fast 7 Jahren.

1 = Das ist vorbei und abgeschlossen

8 Stäbe: Lebendigkeit und viel Energie, Schwung und Leichtigkeit in der Ehe.

2 = Das ist vorbei und wirkt noch nach

2 Münzen: Neugierig aufeinander sein, verspielt und eine lockere und unbeschwerte Zeit.

3 = Darauf bewege ich mich zu

Die Sonne: Schöne Zeit, Wärme, Hingabe und positive Ausstrahlung haben.

4 = Das kommt auf mich zu

Bube der Münzen: Der Partner ist hilfreich, bereichert die Ehe und man ist ehrlich zueinander.

5 = Die gegenwärtige Lernaufgabe

Der Herrscher: Feste Beziehung und Verbindlichkeiten. Sicherheit in der Ehe und ggf. lernen, mit Autorität umzugehen. Ggf. zusammen mit dem Partner Aufgaben anpacken und sich gemeinsam helfen, füreinander da sein, sich Sicherheit und Halt geben.

Bei der Quintessenz zähle ich alle Zahlen der Karten zusammen.

8 + 2 + 19 + 0 + 4 = 33 = 3 + 3 = 6 Die Liebenden:

Bei einer Entscheidung bzw. hier in der Ehe auf die Stimme des Herzens achten und dann diesen Weg gehen. Gegensätze überwinden und das Gemeinsame suchen und finden.

Legesystem „Wo stehe ich, wo geht es hin" zu allen 3 Bereichen

Das Legesystem wird üblicherweise mit 6 Karten ausgelegt. Da die sechste Karte das Ergebnis anzeigen soll und oft dann gefragt wird, wann das sein wird, lege ich meist noch eine siebte Karte mit dazu, um eine Aussage zur Zeit zu bekommen.

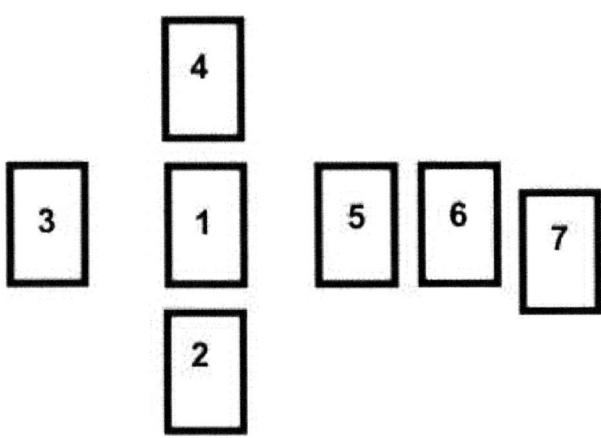

1 = Dort stehe ich gerade, das kenne ich, besitze ich.

2 = Das kann ich gut bzw. das stärkt mich.

3 = Das macht mir noch Probleme oder hemmt mich.

4 = Das ist mir bewusst bzw. darum geht es jetzt.

5 = Das soll ich tun, der Ratschlag der Karten.

6 = Dort geht es hin, das zu erwartende Ergebnis / die Zukunft.

7 = Die Zeitaussage, wann trifft das Ergebnis, die Zukunft ein.

Beispiel zum Beruf

1 = Dort stehe ich gerade, das kenne ich, besitze ich

3 Stäbe: Ein sicherer Arbeitsplatz mit guten Perspektiven und Erfolg.

2 = Das kann ich gut bzw. das stärkt mich

4 Münzen: An (alten) Dingen festhalten und auf Sicherheiten bedacht sein.

3 = Das macht mir noch Probleme oder hemmt mich

8 Schwerter: Angst. Blockiert werden oder Beschränkungen und Verbote.

4 = Das ist mir bewusst bzw. darum geht es jetzt

Der Wagen: Auch mal neue Wege zu gehen, neue Aufgaben, damit man vorwärtskommt.

5 = Das soll ich tun, der Ratschlag der Karten

Die Sonne: Freude an der Arbeit und positiv, also zuversichtlich sein, damit man strahlen kann bzw. vor anderen glänzen.

6 = Dort geht es hin, das zu erwartende Ergebnis / die Zukunft

Der Stern: Unter einem guten Stern stehen, beschützt sein und eine aussichtsreiche Zukunft mit viel Glück (Erfolg) dabei.

7 = Die Zeitaussage, wann trifft das Ergebnis, die Zukunft ein

Der Eremit: Im Winter.

Beispiel zu den Finanzen

Momentan steckt das Ehepaar viel ins Haus und den Garten, um alles zu verschönern, was aber auch leider viel Geld kostet. Wie sehen die Finanzen der beiden in der Zukunft aus?

1 = Dort stehe ich gerade, das kenne ich, besitze ich

Der Hohepriester: Derzeit sind die Finanzen also recht gut, man hat eine höhere Position, kann es sich somit auch leisten. Man steckt das Geld hier auch in was Sinnvolles hinein.

2 = Das kann ich gut bzw. das stärkt mich

Ritter der Stäbe: Bereit sein für Veränderungen und andere mitreißen und anfeuern, es zu tun. Etwas Risikofreude dabei und vielleicht eine kleine Warnung, nicht zu schnell zu handeln.

3 = Das macht mir noch Probleme oder hemmt mich

Gerechtigkeit: Hier wirklich gut überlegt zu entscheiden, eine Ausgewogenheit zwischen den Ausgaben und dem, was man dafür bekommt, herzustellen. Also daher mit dem Ritter der Stäbe davor tatsächlich eine Warnung, nicht alles zu schnell zu entscheiden, sondern mehr darüber nachdenken, was man genau verändern und investieren will.

4 = Das ist mir bewusst bzw. darum geht es jetzt

Mäßigkeit: Die Dinge ins Fließen bringen, dabei aber auch Geld haben, damit es sich gesund und positiv entwickeln kann.

5 = Das soll ich tun, der Ratschlag der Karten

Der Eremit: Zur Ruhe kommen, sich besinnen und dann den eigenen Weg dabei finden und zu Erkenntnissen gelangen, was jetzt eben gut an den Veränderungen und geplanten Ausgaben ist.

6 = Dort geht es hin, das zu erwartende Ergebnis / die Zukunft

10 Schwerter: Die Angelegenheit findet dann auch ein Ende, wo man aber wohl auch eine schmerzhafte Erkenntnis dabei hat. Im günstigsten Fall ist nur die finanzielle Aufgabe /

Investition zu Ende, aber es könnte auch etwas zu viel an Ausgaben sein, da man hier verletzt am Boden liegt. Oder die Erwartungen der Verschönerung am Haus waren größer und wurden am Ende enttäuscht.

7 = Die Zeitaussage, wann trifft das Ergebnis, die Zukunft ein

Bube der Kelche: Da der Fragezeitpunkt im Mai war, wäre dann hier der nächste Zeitpunkt im Juli, wenn das Sternzeichen Krebs überwiegt.

Beispiel zur Liebe / Partnerschaft

Fragesteller, verheiratet.

1 = Dort stehe ich gerade, das kenne ich, besitze ich

10 Stäbe: Sich allein gelassen fühlen, bedrückt sein, überfordert oder belastet.

2 = Das kann ich gut bzw. das stärkt mich

Mäßigkeit: Seine Gefühle fließen lassen, im Einklang sein.

3 = Das macht mir noch Probleme oder hemmt mich

7 Stäbe: Um die Beziehung oder Frau kämpfen, Eifersucht, Streit.

4 = Das ist mir bewusst bzw. darum geht es jetzt

Der Stern: Große Liebe und selbstlose Hingabe und dass die Liebe auch beschützt ist und unter einem guten Stern steht.

5 = Das soll ich tun, der Ratschlag der Karten

10 Münzen: Für Stabilität sorgen, Erfüllung und genießen können, ggf. Nestbau / Familiengründung.

6 = Dort geht es hin, das zu erwartende Ergebnis / die Zukunft

4 Münzen: Verlustangst haben, die Beziehung einengen.

7 = Die Zeitaussage, wann trifft das Ergebnis, die Zukunft ein

Ritter der Schwerter: Fragezeitpunkt war im Mai, daher kommt der Zwilling im Juni bereits als Zeitantwort infrage.

Legesystem „Das keltische Kreuz" zu allen 3 Bereichen

In einer Variante von mir, da mir die Deutungen der Positionen so sinnvoller erscheinen und auch die Zeitaussage beim Ergebnis wieder wichtig ist.

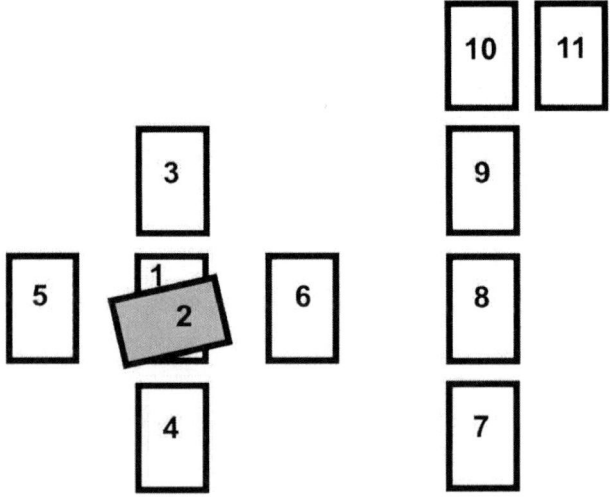

1 = Das Thema, darum geht es.

2 = Das kommt als Ergänzung oder Störung zum Thema dazu.

3 = Das ist jetzt zu tun, der Ratschlag der Karten zum Thema.

4 = Das ist der fragenden Person nicht bewusst, beeinflusst jedoch das Thema bzw. die Situation.

5 = Der Einfluss bzw. die Prägung durch die Vergangenheit.

6 = Die nahe Zukunft (die nächsten 4 Wochen).

7 = Das ist der fragenden Person bewusst, die Einstellung zum Thema.

8 = Das kommt an äußeren Einflüssen zum Thema dazu bzw. so sehen es die anderen Personen / das Umfeld.

9 = Die Erwartungen der fragenden Person (Ängste, Hoffnungen).

10 = Das zu erwartende Ergebnis / die Zukunft.

11 = Die Zeitaussage, wann trifft das Ergebnis, die Zukunft ein.

Beispiel zum Beruf

Der Fragesteller ist selbstständig und ein langfristiger Auftrag ging gerade zu Ende, wo er eigentlich gern weitergemacht hätte. Nun will er wissen, ob neue Aufgaben kommen oder ältere Projekte mal wieder neu belebt werden sollten.

1 = Das Thema, darum geht es

7 Kelche: Viele Ideen haben, jedoch keine umsetzen.

2 = Das kommt als Ergänzung oder Störung zum Thema dazu

8 Stäbe: Etwas liegt schon in der Luft (hier sicherlich seine Ideen, die er nun umsetzen könnte, denn es könnte dann schnell in Gang kommen. Kann sich auch auf die älteren Sachen beziehen oder auf Neues, wo er schon Ideen entwickelt hat, was er tun könnte, damit es beruflich wieder weitergeht.

3 = Das ist jetzt zu tun, der Ratschlag der Karten zum Thema

Gerechtigkeit: Selbstverantwortung übernehmen. Er soll sich selbst darum kümmern.

4 = Das ist der fragenden Person nicht bewusst, beeinflusst jedoch das Thema bzw. die Situation

Bube der Münzen: Gutes Angebot bzw. Hilfe ist da, was er unbewusst auch weiß. Bestimmt auch seine Ideen oder jemand, der ihn dabei unterstützen will. Nur muss der Fragesteller es auch bewusst zulassen und anfangen.

5 = Der Einfluss bzw. die Prägung durch die Vergangenheit

10 Schwerter: Passen zu seiner momentanen Situation. Eine Arbeit, die zu Ende ging, was er bedauert (also schmerzlich ist).

6 = Die nahe Zukunft (die nächsten 4 Wochen)

Bube der Kelche: Freundliche Unterstützung bekommen und Chancen auf etwas Neues.

7 = Das ist der fragenden Person bewusst, die Einstellung zum Thema

Der Narr: Offen sein für etwas Neues. Sich mal ausprobieren und unbekümmert an die Sache herangehen.

8 = Das kommt an äußeren Einflüssen zum Thema dazu bzw. so sehen es die anderen Personen / das Umfeld

Die Hohepriesterin: Andere sehen, dass er mit Hingabe bei seinen Aufgaben ist. Dass er mit seiner Arbeit helfen will und dass er sich jetzt ggf. einfach mal führen lassen sollte von den Chancen, die durch den Buben der Kelche ja bereits angezeigt wurden.

9 = Die Erwartungen der fragenden Person (Ängste, Hoffnungen)

8 Münzen: Neustart bzw. bereit sein, auch noch mal was Neues zu lernen, sich also wirklich mal ausprobieren, wo noch so die Talente liegen. Es dann aufbauen, ausbauen und zu etwas Lohnendem entwickeln lassen.

10 = Das zu erwartende Ergebnis / die Zukunft

6 Stäbe: Und ja, es wird sich lohnen, denn hier liegt schon der Erfolg, der Sieg, dass man Anerkennung bekommt, weil man gute Arbeit macht.

11 = Die Zeitaussage, wann trifft das Ergebnis, die Zukunft ein

5 Kelche: In 5 Wochen (also insgesamt vom Zeitpunkt der Legung dann die 4 Wochen von Position 6 und noch die 5 Wochen darauf, dann sind es ca. 9 Wochen, bis der Erfolg kommen wird).

Beispiel zu den Finanzen

Fragesteller hatte in letzter Zeit viele Ausgaben, dann kam in die selbstständige Tätigkeit ein Stillstand und damit weniger Geld.

1 = Das Thema, darum geht es

Ritter der Stäbe: Etwas verändern und schnelles Handeln ist angesagt. Auch mal Risiken eingehen und Abenteuerbereitschaft in finanziellen Angelegenheiten zeigen.

2 = Das kommt als Ergänzung oder Störung zum Thema dazu

Gericht: Sich neu entfalten und eine Lösung finden. Ggf. dabei auch Verlorenes wiederfinden oder etwas, was vergessen wurde, taucht wieder auf. Ggf. sich auch aus den Geldgedanken befreien (da der Ritter mehr Risikobereitschaft anzeigt, ist man vielleicht bisher zu sehr auf Sicherheit bedacht gewesen und sollte sich da mal befreien und mehr ausprobieren, was neu ist).

3 = Das ist jetzt zu tun, der Ratschlag der Karten zum Thema

6 Kelche: Seine Erfahrungen nutzen, auch durchaus alte Kontakte wieder auffrischen oder sich an seine Träume und Ziele von damals erinnern und daraus jetzt was machen, es verwirklichen, ausprobieren.

4 = Das ist der fragenden Person nicht bewusst, beeinflusst

jedoch das Thema bzw. die Situation

2 Kelche: Man kann finanziell hier auch etwas gemeinsam machen. Vielleicht eine Person von früher (durch die 6 Kelche) wieder mit dazu holen und sich dann gemeinsam finanziell entfalten, was ausprobieren. Eine finanzielle Partnerschaft könnte gut sein.

5 = Der Einfluss bzw. die Prägung durch die Vergangenheit

Der Gehängte: Man hat den Blickwinkel verändert, ist zu neuen Einsichten gelangt und ggf. auch ins Abwarten gekommen. Altes wurde losgelassen, wo man aber jetzt vielleicht doch noch mal anknüpfen könnte, da alte Kontakte durch die anderen Karten ja noch angezeigt werden, hier dann nur mit neuem Blickwinkel und es neu entfalten lassen.

6 = Die nahe Zukunft (die nächsten 4 Wochen)

5 Stäbe: Die nächste Zeit bringt erst mal Herausforderungen, sich beweisen und mit anderen zusammenraufen.

7 = Das ist der fragenden Person bewusst, die Einstellung zum Thema

Der Turm: Das alte, bisher vorhandene Geld ist ja eingebrochen und nun weniger da und er ist jetzt bereit, sich zu befreien und einen Neustart zu wagen. Dass ein Wechsel oder auch Durchbruch kommen kann.

8 = Das kommt an äußeren Einflüssen zum Thema dazu bzw. so sehen es die anderen Personen / das Umfeld

Die Welt: Andere denken, er hat seine finanzielle Aufgabe gefunden, sein Ziel erreicht und Erfolg und Glück im Geld bzw. kann dieses durchaus noch auf ihn zukommen.

9 = Die Erwartungen der fragenden Person (Ängste, Hoffnungen)

Der Herrscher: Er erwartet eine gewisse Ordnung, also eher feste Einnahmen, dass sein Geld sicher ist und er seine Ideen umsetzen kann, damit die Aufgabe ihm auch Geld bringt.

10 = Das zu erwartende Ergebnis / die Zukunft

9 Kelche: Eine gute Zeit wird kommen, wo er Glück hat und das Leben genießen kann, also genug Geld da sein wird und er damit zufrieden ist.

11 = Die Zeitaussage, wann trifft das Ergebnis, die Zukunft ein

Der Mond: 18 Wochen (da davor die Karte 9 Kelche auf Wochen deutet).

Beispiel zur Liebe / Partnerschaft

Gerade jemanden neu kennengelernt. Wird da mehr daraus oder war es nur ein Flirt, der wieder vorüber ist?

1 = Das Thema, darum geht es

Der Stern: Die Begegnung (Liebe) steht unter einem guten Stern. Es kann sich daraus was Großes entwickeln.

2 = Das kommt als Ergänzung oder Störung zum Thema dazu

König der Kelche: Ein verständnisvoller Partner, liebevoll, hilfsbereit und offen dafür.

3 = Das ist jetzt zu tun, der Ratschlag der Karten zum Thema

Kraft: Lustvoll sein, zupacken, Leidenschaft. Sich vielleicht auch mal wild und mal zahm zeigen, jedenfalls die Liebe genießen.

4 = Das ist der fragenden Person nicht bewusst, beeinflusst jedoch das Thema bzw. die Situation

10 Kelche: Unbewusst will die Fragestellerin hier eine feste Verbindung haben, dass man eine tiefe glückliche Liebe hat und als Familie zusammenwächst.

5 = Der Einfluss bzw. die Prägung durch die Vergangenheit

4 Stäbe: Aufeinander zugegangen. Es war harmonisch, friedlich und man hat sich gefreut, hat den anderen willkommen geheißen.

6 = Die nahe Zukunft (die nächsten 4 Wochen)

Der Narr: Die nächsten Wochen einfach unbekümmert sein, es leichtnehmen, locker sein, lebendig, offen und damit den Neubeginn der Liebe genießen.

7 = Das ist der fragenden Person bewusst, die Einstellung zum Thema

As der Stäbe: Chance auf Entfaltung, Liebe und Glück. Voller Tatendrang sicherlich gemeinsam was unternehmen und zusammenwachsen.

8 = Das kommt an äußeren Einflüssen zum Thema dazu bzw. so sehen es die anderen Personen / das Umfeld

Die Sonne: Der Partner sieht auch alles sehr sonnig und schön. Genießt die Wärme und Ausstrahlung und den Neubeginn der Liebe.

9 = Die Erwartungen der fragenden Person (Ängste, Hoffnungen)

Gerechtigkeit: Geben und Nehmen sollen im Gleichgewicht sein, es soll ein ausgewogenes Verhältnis zwischen ihr und ihm sein und vor allem Ehrlichkeit zueinander.

10 = Das zu erwartende Ergebnis / die Zukunft

4 Münzen: Hier muss sie aufpassen, dass sie nicht zu sehr klammert und dann die Beziehung einengt. Den Partner als Besitz anzusehen, wäre also unklug bzw. hat sie später vielleicht Verlustangst, weil sie die schöne Liebe nicht verlieren will, und klammert dann mehr am Partner. Hier können die Karten aber auch eine Warnung sein, dass sie da einfach aufpassen soll, dass es gar nicht erst so weit kommt. Zeitlich gesehen kommt es ja eh erst viel, viel später. Da kann sie also rechtzeitig vorbeugen und sich mit ihm aussprechen, also ehrlich sein, wenn sie was beschäftigt.

11 = Die Zeitaussage, wann trifft das Ergebnis, die Zukunft ein

Der Mond: 18, hier mit der Münzkarte davor, können es dann 18 Monate sein, bis das Ergebnis eintrifft.

Legesystem „Der siebener Weg" zu allen 3 Bereichen

Das Legesystem wird üblicherweise mit 7 Karten ausgelegt. Da die siebte Karte das Ergebnis anzeigen soll und oft dann gefragt wird, wann das sein wird, lege ich meist noch eine achte Karte mit dazu, um eine Aussage zur Zeit zu bekommen oder man kann auch alternativ den Zeitpunkt bereits in die Frage mit einbauen.

Also zum Beispiel, wie entwickeln sich die nächsten 3 Wochen?

Oder wie geht es in der Liebe bis Weihnachten weiter?

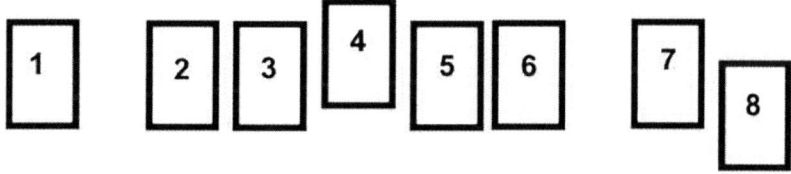

Dann wäre die Zeit bereits mit in der Frage und man braucht die Position 8 nicht mehr auslegen oder kann diese ggf. als Ergänzungskarte nutzen, wenn noch irgendwo was unklar ist.

1 = Das Thema, darum geht es bzw. was kommt helfend oder störend hinzu

2 bis 6 = Diese 5 Karten sind der Weg bzw. die Brücke zur Antwort. Wie es sich eben entwickeln wird.
Die Karte 4 ist dabei besonders wichtig, denn sie liegt in der Mitte des Weges und bildet die Kernaussage bzw. einen wichtigen Aspekt

7 = Das zu erwartende Ergebnis / die Zukunft

8 = Die Zeitaussage, wann trifft das Ergebnis, die Zukunft ein

Beispiele für Fragen:

- Wie entwickelt sich mein Projekt weiter? (Karten 1 bis 8 legen).
- Wie geht es zwischen mir und meinem Partner in den nächsten 3 Monaten weiter? (Karten 1 bis 7 legen).
- Was ist in den nächsten 4 Wochen für mich wichtig? (Karten 1 bis 7).
- Wie verläuft der Verkauf unserer Wohnung? (Karten 1 bis 8).
- Wie entwickeln sich unsere Finanzen in den nächsten 6 Monaten? (Karten 1 bis 7).

Beispiel zum Beruf

Wie entwickelt sich das Projekt „A" weiter?

1 = Das Thema bzw. was kommt helfend oder störend hinzu

Ritter der Schwerter: Es wird erst mal stressig sein und eine eher unruhige Zeit.

2 bis 6 = Diese 5 Karten sind der Weg zur Antwort

8 Kelche – Königin der Stäbe – 10 Stäbe – Ritter der Kelche – Königin der Münzen: Eine eher ungewisse Phase beginnt. Man ist jedoch hoch motiviert und packt die Sache selbstbewusst und optimistisch an. Viel Verantwortung und schwierige Aufgabe mit Vorsicht vor Überlastung. Achtung, nicht alles allein machen. Schließlich bringt es ein entspanntes Arbeiten und wieder Freude daran haben. Die Stimmung steigt nach dem Stress und der Überforderung dann ins Positive. Jetzt kann man es geschickt handhaben und bewegt sich in Richtung Wohlstand und Sicherheit, weil es vertrauter geworden ist.

7 = Das zu erwartende Ergebnis / die Zukunft

5 Stäbe: Es ist eine Herausforderung, denn die Konkurrenz schläft nicht. Im Wettstreit sein bzw. es gibt Mitbewerber, wo man sich beweisen will oder auch muss.

8 = Die Zeitaussage, wann trifft das Ergebnis, die Zukunft ein

10 Münzen: 10 Monate.

Beispiel zu den Finanzen

Wie entwickeln sich die Finanzen / Einnahmen im Geschäft in den nächsten 2 Monaten?

1 = Das Thema bzw. was kommt helfend oder störend hinzu

5 Münzen: Finanzieller Engpass oder auch Härtetest, ggf. gibt es Verluste.

2 bis 6 = Diese 5 Karten sind der Weg zur Antwort

Gerechtigkeit – Bube der Schwerter – Herrscherin – 10 Schwerter – 3 Schwerter: Alles gut überlegt entscheiden und die eigene Verantwortung erkennen und fair bleiben. Durch eine schmerzhafte Erkenntnis bekommt man auch die Chance, etwas zu klären und neu zu starten. Es entwickelt sich dann gut weiter, und wenn man sich auch um das Geschäft kümmert, dann kommt Wachstum rein. Manches wird dabei aber auch beendet, was wiederum schmerzlich sein wird. Man ist dann enttäuscht und verletzt, weil es vielleicht besser laufen hätte können. Möglich auch, dass die Einnahmen steigen, man aber höhere Erwartungen hatte, die dann enttäuscht wurden, worüber man dann vom Gefühl her unglücklich ist, weil man eben mehr wollte, als man bekommen hat.

7 = Das zu erwartende Ergebnis / die Zukunft

10 Kelche: Es läuft aber auf die Zufriedenheit hinaus, sodass am Ende schon alles gut sein kann und man dann wohl eher nur enttäuscht ist, weil man eben mehr erwartet hatte, es dann aber zumindest von der Entwicklung her ausreichend war, um mit dem Ergebnis doch zufrieden sein zu können.

<u>Fazit:</u> Man muss sich um seine Geschäfte und die Einnahmen kümmern. Es wird Hochs und Tiefs geben. Es kann wachsen und man kann zufrieden sein, muss aber aufpassen, dass man nicht zu hohe Erwartungen hat, sonst ist man doch enttäuscht. Auch möglich, dass die nächsten 2 Wochen noch am Umsatz gearbeitet wird, wo die Ergebnisse noch nicht so toll sind, aber wenn dann die 2 Monate rum sind, ist die Tendenz bestimmt besser, denn mit der 10-Kelche-Karte als Ergebnis sieht es dann viel, viel besser aus. Also anpacken und durch, bis die besseren Zeiten kommen.

Beispiel zur Liebe / Partnerschaft

Wie geht es zwischen mir und meinem Partner in den nächsten 6 Monaten weiter?

1 = Das Thema bzw. was kommt helfend oder störend hinzu

As der Schwerter: Klärende Gespräche mit dem Partner führen und kluge Entscheidungen treffen.

2 bis 6 = Diese 5 Karten sind der Weg zur Antwort

Bube der Münzen – 5 Münzen – Königin der Schwerter – 8 Stäbe – 10 Münzen: Ehrlich zueinander sein, Hilfe vom Partner annehmen, denn er kann die Beziehung bereichern. Man fühlt sich ungeliebt, unsicher oder denkt, man kommt zu kurz in der Partnerschaft. Sich für die Ideen des Partners öffnen oder auch selbst mal was einfallen lassen. Auch ein wenig auf Unabhängigkeit achten. Es kommt wieder neuer Schwung rein, Lebendigkeit, gemeinsam was unternehmen, sich überraschen. Stabile Beziehung und das Glück und die neue Leichtigkeit und Lebendigkeit miteinander genießen.

7 = Das zu erwartende Ergebnis / die Zukunft

2 Kelche: So, als wenn man sich wieder neu in den Partner verliebt oder eine Versöhnung durch die Ehrlichkeit und das aufeinander zugehen entstehen kann.

Legesystem „Der siebener Weg Variante AWHSE" zu allen 3 Bereichen

Das Legesystem wird mit 9 Karten ausgelegt.

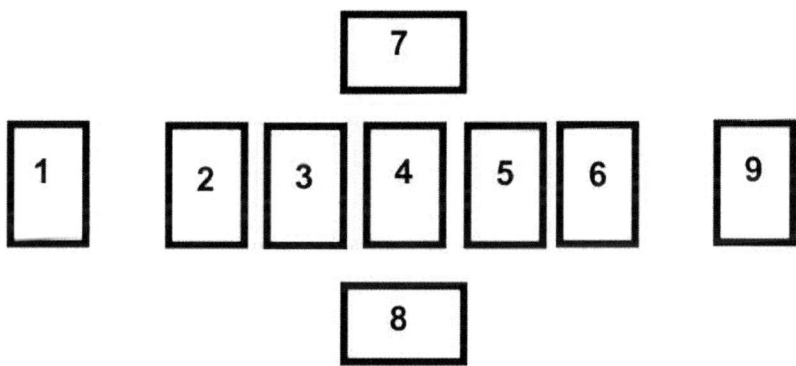

1 = Ausgangslage, so sieht es momentan aus. Von hier aus starten.

2 bis 6 = Der Weg, so entwickelt es sich weiter.

7 = Hier liegt eine Hilfe oder der Ratschlag, dies zu tun oder zu akzeptieren.

8 = Dies kommt als Störung dazu, ggf. dies einfach wegzulassen versuchen.

9 = Dieses Ziel kann man erreichen, wenn man den Weg geht.

Beispiel zum Beruf

1 = Ausgangslage, so sieht es momentan aus. Von hier aus starten

König der Kelche: Sich freundlich zeigen und auf die Instinkte vertrauen und sich von den Gefühlen (Bauchgefühl) leiten lassen.

2 bis 6 = Der Weg, so entwickelt es sich weiter

8 Stäbe – 2 Kelche – 5 Stäbe – Ritter der Stäbe – 9 Schwerter: Schnelle Entwicklungen und Projekte kommen in Gang. Guter Teamgeist und man tut sich noch mit anderen zusammen bzw. Kooperationen. Sich mutig den beruflichen Herausforderungen und dem Wettbewerb stellen und beweisen. Unternehmungslust und auch Risikofreude. Lampenfieber haben oder sich Sorgen machen und schlaflose Nächte haben, wenn man zu großes Risiko eingeht.

7 = Hier liegt eine Hilfe oder der Ratschlag, dies zu tun oder zu akzeptieren

4 Schwerter: Sich auch mal zurückziehen, alles in Ruhe überdenken. Pausen machen und dabei über den Sinn dahinter nachdenken. Ggf. auch manche Sachen besser auf später verschieben. Nicht alles sofort umsetzen.

8 = Dies kommt als Störung dazu, ggf. dies einfach wegzulassen versuchen.

Gerechtigkeit: Dass man sich für alles selbst verantwortlich macht oder zu sehr auf Gerechtigkeit und Fairness aus ist, die es dann aber wohl nicht immer zu geben scheint.

9 = Dieses Ziel kann man erreichen, wenn man den Weg geht

Der Narr: Es leichter nehmen können, wenn man experimentiert und sich ausprobiert bzw. man offen für Neues ist und das ausprobiert.

Beispiel zu den Finanzen

1 = Ausgangslage, so sieht es momentan aus. Von hier aus starten

Die Liebenden: Finanzielle Entscheidungen, wo man dem Herzen folgt, also, was man gern haben möchte, dafür investieren bzw. es kaufen.

2 bis 6 = Der Weg, so entwickelt es sich weiter

7 Münzen – Ritter der Schwerter – 8 Stäbe – 4 Münzen – 5 Kelche: Sich Schritt für Schritt finanziell was aufbauen. Mehr auf langfristigen Erfolg setzen und auch mal abwarten können. Zwischendurch aber auch immer mal ungeduldig sein. Die Entwicklung ist eher unruhig und chaotisch. Man sollte offen sein, Ideen und Impulse von außen annehmen, dann gibt es auch Überraschungen, wo etwas schneller in Gang kommt. Aus Angst könnte man zu vorsichtig sein und an alten Dingen festhalten, was zwar Sicherheiten bedeutet, aber eben zulasten der Beweglichkeit geht, die mit der 8-Stäbe-Karte jedoch wichtiger wäre. Verlust und Enttäuschung, wenn zu sehr an den alten Dingen festgehalten wird oder auf Sicherheiten gesetzt, denn dann kann man keine Möglichkeiten mehr sehen, obwohl selbst dann noch welche da sind.

7 = Hier liegt eine Hilfe oder der Ratschlag, dies zu tun oder zu akzeptieren

König der Schwerter: Sachliche Entscheidungen treffen, entschlossen handeln, aber auch durchaus auf den Rat eines Experten hören.

8 = Dies kommt als Störung dazu, ggf. dies einfach wegzulassen versuchen.

6 Stäbe: Zu siegessicher zu sein. Zu denken, es kommt positiv in Gang und man bringt den Erfolg schon heim, das wäre hier sicherlich falsch bzw. könnte die Entwicklung eben behindern.

9 = Dieses Ziel kann man erreichen, wenn man den Weg geht

Bube der Schwerter: Durch Kritik oder auch mal schmerzhafte Erkenntnisse bekommt man Chancen, was zu klären, um dann finanziell auch neue Möglichkeiten zu bekommen.

Beispiel zur Liebe / Partnerschaft

Junges Paar hat gerade ein Kind bekommen und will wissen, wie es in der Partnerschaft weitergeht.

1 = Ausgangslage, so sieht es momentan aus. Von hier aus starten

Die Sonne: Bestätigung der Geburt oder auch, dass die Partnerschaft momentan sehr schön ist.

2 bis 6 = Der Weg, so entwickelt es sich weiter

10 Münzen – Ritter der Stäbe – König der Kelche – Bube der Schwerter – 10 Stäbe: Noch mal die Betonung der Familiengründung, dass also die Familie auch sehr wichtig ist zur Erfüllung und die Beziehung nun halt zu dritt genießen. Eine aufregende Zeit und durchaus auch wieder leidenschaftlich sein, soweit das der kleine Nachwuchs zulässt ☺. Sich liebevoll und freundlich zeigen und auf die eigenen Instinkte achten. Wenn es sein muss, auch mal was klären, denn dies beinhaltet immer die Chance, dass man es besser machen kann. Eine neue Phase mit Erkenntnissen. Aufpassen, dass man nicht alles allein machen will, sonst ist man überfordert und belastet. Den Partner einfach miteinbeziehen und es gemeinsam machen.

7 = Hier liegt eine Hilfe oder der Ratschlag, dies zu tun oder zu akzeptieren

As der Kelche: Tiefe Gefühle zeigen und einfach glücklich sein.

8 = Dies kommt als Störung dazu, ggf. dies einfach wegzulassen versuchen.

Rad des Schicksals: Sich von Achterbahngefühlen oder dem normalen Auf und Ab im Leben nicht stören lassen. Die gehören einfach dazu.

9 = Dieses Ziel kann man erreichen, wenn man den Weg geht

Die Hohepriesterin: Sich in den Partner einfühlen können, wie seelenverwandt sein, sich hingeben und fürsorglich sein.

Legesystem „Entscheidungswege" zu allen 3 Bereichen

Je nach Möglichkeiten, die man abfragen will, kann man 2 oder 3 Wege auslegen, die dann miteinander verglichen werden können.

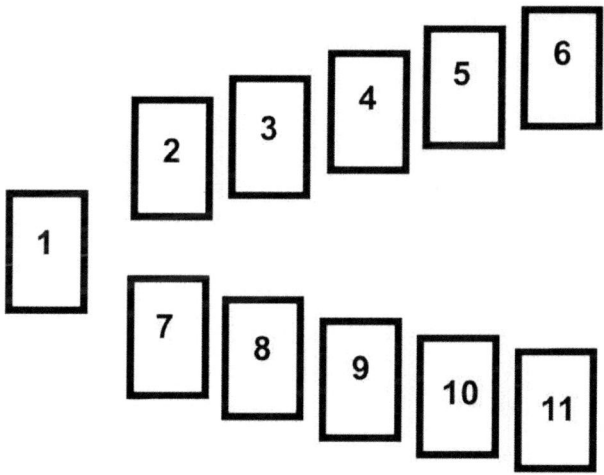

1 = Das Thema, darum geht es bzw. was kommt helfend oder störend hinzu.

2 bis 6 = Fragerichtung A, die 1. Möglichkeit der Entscheidung. Diese 5 Karten sind der Weg bzw. die Entwicklung, wobei die erste Karte (2) anzeigt, wie es losgeht, die in der Mitte (4), was ein wichtiger Aspekt bei dieser Möglichkeit ist, und die letzte (6) anzeigt, wie das Endergebnis bei dieser Möglichkeit sein wird.

7 bis 11 = Fragerichtung B, die 2. Möglichkeit der Entscheidung. Diese 5 Karten sind der Weg bzw. die Entwicklung, wobei die erste Karte (7) anzeigt, wie es losgeht, die in der Mitte (9), was ein wichtiger Aspekt bei dieser Möglichkeit ist, und die letzte (11) anzeigt, wie das Endergebnis bei dieser Möglichkeit sein wird.

Ggf. kann man noch 12 bis 16 als dritte Möglichkeit im Vergleich legen (auch eine Alternative, an die man im Moment noch nicht denkt).

Beispiel für Entscheidungsfragen:

- Ist Variante A oder B besser?
- Soll ich Angestellter bleiben oder mich selbstständig machen?
- Wie entwickelt es sich, wenn ich mich auf Mann A (z. B. Thomas) einlasse (Karte 2 bis 6 legen)? Und wie entwickelt es sich, wenn ich mich auf Mann B (z. B. Markus) einlasse (Karte 7 bis 11 legen)? Ggf. könnte man noch einen dritten Entscheidungsweg als „Variante für einen anderen Mann" (der noch auftaucht), oder dass „es erst mal besser ist, allein zu bleiben" legen. Dann die einzelnen Möglichkeiten vergleichen, wo liegt es besser?

Beispiel zum Beruf

Fragesteller denkt darüber nach, ob er seine bisherigen Aufgaben weitermachen soll oder ob es Zeit ist, mal Neues auszuprobieren, da sich gerade die Chance auf einen neuen Auftrag ergibt, was er aber bisher noch nicht gemacht hat und sich erst mal dazu weiterbilden müsste, um die Aufgabe auch annehmen zu können.

1 = Das Thema, darum geht es bzw. was kommt helfend
   oder störend hinzu

Königin der Kelche: Auf die eigene Intuition vertrauen und aus dem Herzen heraus entscheiden.

2 bis 6 = Möglichkeit 1 als Entwicklungsweg bei seinem alten Arbeitsgebiet bleiben

5 Münzen – Königin der Schwerter – Bube der Münzen – 6 Kelche – Ritter der Kelche: Beim alten Konzept zu bleiben, bringt Engpässe, wenig zu tun und er muss abwarten, bis die

richtige Idee oder ein Auftrag kommt. Es gibt die Chance auf Unterstützung und auch gute Gelegenheiten und er soll das Alte wiederbeleben bzw. die alten Kontakte und die Erfahrungen, die er schon gemacht hat, nutzen. Am Ende hat er eine Arbeit, die ihm Freude macht, wo gute Stimmung ist und ein friedliches Arbeitsklima.

7 bis 11 = Möglichkeit 2 als Entwicklungsweg die Weiterbildung wählen und das Neue mal ausprobieren

Königin der Stäbe – Herrscherin – 10 Schwerter – 3 Schwerter – Turm: Erst wäre er mutig bzw. hoch motiviert, kreativ und optimistisch, das Neue anzupacken. Es entwickelt sich zunächst auch sehr gut, bringt Wachstum rein und er kümmert sich um die Aufgabe. Doch dann kommt eine schmerzhafte Erkenntnis und ein plötzliches Ende oder er will abbrechen, denn es macht ihm Kummer, er ist enttäuscht und die Entscheidung war am Ende nur vom Kopf aus und gegen sein Gefühl gewesen, was dann alles zum Einsturz bringt oder die neue Aufgabe in sich zusammenbricht und er es wieder beendet, weil es besser für ihn ist.

Beispiel zu den Finanzen

Ein Fragesteller möchte gern eine größere Wohnung haben. Ist es besser, das Geld in den Kauf einer Eigentumswohnung zu stecken oder weiter zur Miete zu wohnen, um finanziell etwas freier zu sein (also ohne Schulden der Wohnungskauffinanzierung über die Bank)?

1 = Das Thema, darum geht es bzw. was kommt helfend oder störend hinzu

Bube der Schwerter: Zu einer klugen Erkenntnis kommen, auch wenn es Streit gibt. Auf jeden Fall ein Neuanfang mit der Wohnung.

2 bis 6 = Möglichkeit 1 als Entwicklungsweg eine Wohnung kaufen

8 Schwerter – As der Münzen – Bube der Münzen – 6 Kelche – Ritter der Kelche: Sich dann gefangen fühlen bzw. eben die Verpflichtungen haben, was hemmt oder einengt. Aber auch die Chance auf gute Ergebnisse, hier sein Geld zu investieren und seine Ziele mit Eigentum zu verwirklichen. Ein Neubeginn, der auch Unterstützung mit sich bringt und gute Gelegenheit fürs Geldverdienen. Träume, Menschen und auch Ziele von damals haben ebenfalls ihren Einfluss darauf. Am Ende ist eine gute Stimmung und man fühlt sich wohl, wo man ist und es ist friedlich und angenehm.

7 bis 11 = Möglichkeit 2 als Entwicklungsweg eine Wohnung nur mieten

Mäßigkeit – Teufel – Tod – Königin der Stäbe – Narr: Harmonische Zeit, alles im Fluss und Gleichgewicht bzw. die Gefühle fließen lassen. Eine Verlockung / Versuchung, nur zur Miete zu wohnen, weil es leichter erscheint, wieder loszulassen und Abschied zu nehmen und in ein neues Abenteuer hinein, indem man dann vielleicht schon wieder eine neue Wohnung sucht, weil man sich auch von den Ideen der anderen begeistern und mitreißen lässt. Am Ende ist er der Narr, wenn er diesen Weg geht.

Fazit: Ich finde die Karten raten mehr zum Wohnungskauf, also Eigentum, auch wenn die Mietwohnung leichter erscheint, wäre da doch am Ende er der Narr. Während er beim Kauf doch mit dem, was er erreicht hat, zufrieden ist und ja auch Unterstützung dabei hat oder gute Gelegenheiten, um ebenso Geld zu verdienen.

Beispiel zur Liebe / Partnerschaft

Eine Frau hat 2 Männer kennengelernt und will wissen, mit wem mehr daraus werden kann bzw. wo sie größere Chancen auf eine langfristige Beziehung hat. Zu den 2 Möglichkeiten lege ich jedoch noch einen dritten Weg für die Alternative, vielleicht erst mal allein zu bleiben, weil ja ggf. noch jemand anderes kommen wird, der besser passt.

1 = Das Thema, darum geht es bzw. was kommt helfend
    oder störend hinzu

3 Münzen: Eine reifere Ebene betreten und sie will an der Liebe arbeiten, damit es schöner und was Langfristiges werden kann.

2 bis 6 = Möglichkeit 1 als Entwicklungsweg mit Mann A

Königin der Schwerter – 6 Stäbe – Teufel – Königin der Stäbe – Tod: Sie soll auf die eigene Intelligenz vertrauen und es geht um Eroberung, doch er kann wie vom Teufel geritten sein und man könnte sich abhängig machen, wenn man den Verlockungen von ihm nicht widerstehen kann. Auf Selbstbewusstsein achten und sich nicht nur von ihm mitreißen lassen und am Ende nur tun, was ihm gefällt und selbst dabei auf der Strecke bleiben und sein eigenes Bedürfnis dabei sterben lassen. <u>Fazit:</u> Er tut ihr nicht gut!

7 bis 11 = Möglichkeit 2 als Entwicklungsweg mit Mann B

Der Narr – Bube der Schwerter – 8 Schwerter – As der Münzen – Bube der Münzen: Ein Luftikus, der zwar spontan, neugierig und offen ist, aber auch alles sehr locker sieht, was zu Streit führen kann, oder dass man durch Gespräche erst mal Klärungsbedarf hat. Sich gefangen fühlen, bedrängt oder man schaut weg und will es nicht sehen, nicht wahrhaben, denn man möchte doch die Chance auf Glück und sein Ziel einer langfristigen Beziehung verwirklichen. Am Ende könnte es einen Neubeginn geben und gute Gelegenheiten, es doch noch zu schaffen, wenn man vorher mit dem Buben der Schwerter erst mal Klarheit reingebracht hat, was man für Wünsche und auch Erwartungen hat.

12 bis 16 = Möglichkeit 3 als Entwicklungsweg keiner der beiden, sondern entweder allein oder es kommt noch jemand anderes

Ritter der Kelche – 6 Kelche – 8 Münzen – 6 Schwerter – 10 Münzen: Glücklich sein und sich wieder verlieben in jemanden, der möglicherweise schon früher mal da war. Also, ein alter Bekannter taucht wieder auf und bietet einen guten Start, um sich gemeinsam was aufzubauen. Schritt für Schritt in der Beziehung vorwärtskommen. Es ist zwar ein Neubeginn, der mit den anderen 2 Männern, wo sie es wissen wollte, nichts zu tun hat und daher sind die Gefühle auch etwas unruhig, doch wenn sie eher zu dieser Möglichkeit aufbricht und ins noch Ungewisse steuert, dann wird es auch ruhiger werden und am Ende ist der innere Reichtum, ihre Stabilität und durchaus Familiengründung da. Man baut sich das gemeinsame Nest und ist glücklich und genießt zusammen das Leben.

Legesystem „Große Partnerlegung"

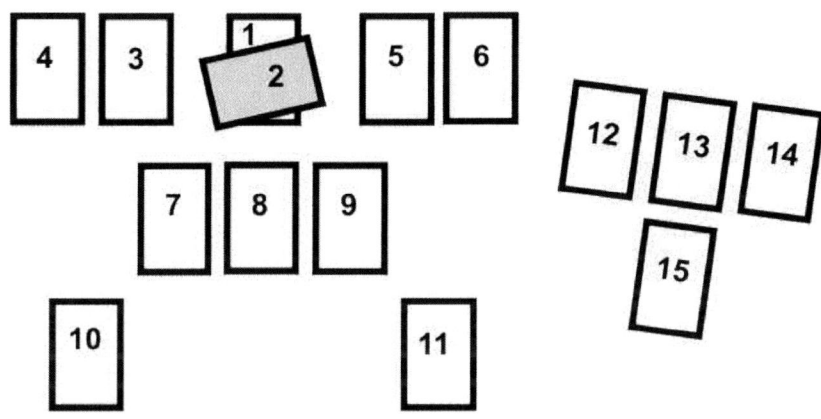

1 = Das Thema, darum geht es.

2 = Das kommt als Ergänzung oder Störung zum Thema dazu.

3 = Das sind die Gedanken der fragenden Person,
die bewusste Einstellung, was im Kopf herumgeht.

4 = Das ist die äußere Haltung der fragenden Person,
das, was nach außen gezeigt wird (eventuell Fassade?).

5 = Das sind die Gedanken des Partners,
die bewusste Einstellung, was im Kopf herumgeht.

6 = Das ist die äußere Haltung des Partners,
das, was nach außen gezeigt wird (eventuell Fassade?).

7 bis 9 = Der Weg, der in den nächsten 6 Wochen vor beiden
liegt, aber in erster Linie die fragende Person betrifft,
was passiert.

10 = Der Einfluss bzw. die Prägung durch die Vergangenheit
für die fragende Person.

11 = Der Einfluss bzw. die Prägung durch die Vergangenheit
für den Partner / Partnerin.

12 bis 14 = Das zu erwartende Ergebnis / die Zukunft.

15 = Die Zeitaussage, wann trifft das Ergebnis, die Zukunft ein.

Beispiel zur beruflichen Partnerschaft

Sich hier ggf. mit jemandem ein zweites Standbein gemeinsam aufbauen. Wie wird es laufen und mit dem Geschäftspartner sein?

1 = Das Thema, darum geht es

10 Stäbe: Alles allein machen wollen und zu viel Verantwortung allein tragen.

2 = Das kommt als Ergänzung oder Störung zum Thema dazu

Gericht: Erlösung, denn der Partner kann hier entlasten und das Neue kann beginnen.

3 = Das sind die Gedanken der fragenden Person,
die bewusste Einstellung, was im Kopf herumgeht

Die Sonne: Freude am Tun und zuversichtlich sein und an das Glück und den Erfolg glauben.

4 = Das ist die äußere Haltung der fragenden Person,
das, was nach außen gezeigt wird (eventuell Fassade?)

9 Münzen: Zeit, ein gutes Händchen und dass man Glück und Erfolg haben kann und auch will.

5 = Das sind die Gedanken des Partners,
die bewusste Einstellung, was im Kopf herumgeht

7 Schwerter: Sich täuschen, unehrlich sein oder sich drücken.

6 = Das ist die äußere Haltung des Partners,
    das, was nach außen gezeigt wird (eventuell Fassade?)

7 Münzen: Geduldig zeigen und an den langsamen Fortschritt glauben, dass sich Ausdauer auszahlen wird.

7 bis 9 = Der Weg, der in den nächsten 6 Wochen vor beiden
    liegt, aber in erster Linie die fragende Person betrifft,
    was passiert

Rad des Schicksals – Bube der Stäbe – Wagen: Ein wichtiger und auch neuer Zyklus beginnt. Veränderung bringt gute Chancen und neue Aufgaben und auch einen Motivationsschub. Vorwärtskommen, wenn jeder der beiden seinen Einsalz zeigt.

10 = Der Einfluss bzw. die Prägung durch die Vergangenheit
    für die fragende Person

3 Schwerter: Es gab Enttäuschungen und schmerzhafte Schritte.

11 = Der Einfluss bzw. die Prägung durch die Vergangenheit
    für den Partner / Partnerin

Konnte sich entfalten, hatte eine gute Entwicklung und Abwechslung in seiner Tätigkeit.

12 bis 14 = Das zu erwartende Ergebnis / die Zukunft

Kraft – Bube der Kelche – Herrscher: Viel Kraft und Energie und mit Leidenschaft bei der Sache. Freude und Unterstützung, dabei eine gewisse Ordnung und Struktur zu schaffen, dass alles sicher ist und die Ideen und Aufgaben auch zu Ende geführt werden.

15 = Die Zeitaussage, wann trifft das Ergebnis, die Zukunft ein

7 Stäbe: 7 Tage (also, nachdem die ersten 6 Wochen der Kartenposition 7 bis 9 rum sind). Insgesamt dann also eine Entwicklung für die nächsten 7 Wochen.

Beispiel zur Liebe / Partnerschaft

Die Fragestellerin hat gerade jemanden kennengelernt und will wissen: Wird mehr daraus? Was denkt er über mich?

1 = Das Thema, darum geht es

Der Gehängte: Momentan noch passive Liebe oder ein Stillstand, ruhige Phase.

2 = Das kommt als Ergänzung oder Störung zum Thema dazu

2 Stäbe: Unentschlossen sein und noch fehlende Bereitschaft, was zu tun.

3 = Das sind die Gedanken der fragenden Person,
    die bewusste Einstellung, was im Kopf herumgeht.

König der Kelche: Sie denkt an ihn und sieht ihn als liebevoll und freundlich an.

4 = Das ist die äußere Haltung der fragenden Person,
    das, was nach außen gezeigt wird (eventuell Fassade?)

As der Kelche: Sie zeigt ihre tiefen Gefühle und dass sie glücklich ist.

5 = Das sind die Gedanken des Partners,
    die bewusste Einstellung, was im Kopf herumgeht.

Mäßigkeit: Erst mal geduldig abwarten, bis die Gefühle und Dinge ins Fließen kommen.

6 = Das ist die äußere Haltung des Partners,
    das, was nach außen gezeigt wird (eventuell Fassade?)

Der Magier: Er zeigt sich von seiner positiven Seite, wirkt anziehend und kann verzaubern.

7 bis 9 = Der Weg, der in den nächsten 6 Wochen vor beiden liegt, aber in erster Linie die fragende Person betrifft, was passiert.

5 Münzen – Kraft – Bube der Kelche: Sie ist unsicher, ob er sie liebt und fühlt, dass ihre Leidenschaft zu kurz kommt. Sie will wild sein und muss sich vielleicht zähmen, zurückhalten, weil erst noch die Chance auf die Liebe kommen muss, dass auch liebevolle Gesten dann von ihm kommen und er bereit ist, sich auf die Liebe einzulassen.

10 = Der Einfluss bzw. die Prägung durch die Vergangenheit für die fragende Person

König der Stäbe: Entweder gab es da einen sehr leidenschaftlichen Mann, der begeistern und mitreißen konnte, oder sie war selbst schon so und ist daher etwas ungeduldig, weil ihr Temperament halt da ist.

11 = Der Einfluss bzw. die Prägung durch die Vergangenheit für den Partner / Partnerin

Rad des Schicksals: Er hatte eine schicksalhafte Verbindung, wo er mal oben und mal unten war, sehr viel Achterbahngefühle, was ihn jetzt vielleicht etwas geduldiger gemacht hat und er deshalb langsamer vorangehen möchte.

12 bis 14 = Das zu erwartende Ergebnis / die Zukunft

Bube der Stäbe – 4 Schwerter – 2 Münzen: Eine heiße Affäre bzw. eben ein Neuanfang mit erfrischenden Impulsen, wo es aber auch immer mal Auszeiten geben wird, weil er sich wohl noch zurückhält und schwankt bzw. dazu eine eher lockere Einstellung hat und das Ganze erst mal neugierig und verspielt angehen will und mit den Möglichkeiten spielen, ob mehr daraus werden kann.

15 = Die Zeitaussage, wann trifft das Ergebnis, die Zukunft ein

Königin der Münzen: Mai, September oder Januar. Je nachdem, welcher Monat als Erstes kommt, wenn die ersten 6 Wochen der Kartenposition 7 bis 9 vorbei sind. Hier war der Fragezeitpunkt im Mai, was bedeutet, in 6 Wochen sind wir im Juni und dann käme als Nächstes der September, wann dann die Zukunft von Kartenposition 12 bis 14 eintreffen sollte.

Anhang

Übersicht Deutungen Beziehung

0 (22) - Der Narr: Unbekümmert, locker, spontan, lebendig, offen, neue Liebe oder Neuanfang in der bestehenden Beziehung.

1 - Der Magier: Verzaubern, Anziehungskraft, positiv gestalten.

2 - Die Hohepriesterin: Fürsorge, Hingabe, verstehen, seelenverwandt, geheimnisvoll, Einfühlungsvermögen.

3 - Die Herrscherin: Mutter werden oder sein, Lebendigkeit, die Liebe blüht auf und wächst, Geborgenheit, mütterlich – umsorgen.

4 - Der Herrscher: Verantwortungsbereitschaft, Sicherheit, autoritär, feste Beziehung – Verbindlichkeit.

5 - Der Hierophant (Hohepriester): Gottes Segen = Heirat, gegenseitiges Vertrauen.

6 - Die Liebenden: Wahre (große) Liebe, Anziehungskraft, lustvoll, eine Entscheidung aus dem Herzen heraus treffen.

7 - Der Wagen: Unternehmungslust, es kommt Bewegung rein, die Richtung bestimmen, neue Verbindung.

8 - Die Kraft: Wildheit und Zähmung, Leidenschaft, lustvoll, Affäre.

9 - Der Eremit: Alleinsein, sich distanzieren, ruhige Phase, unauffällig sein = Mauerblümchen, Altes loslassen – Neues finden.

10 - Rad des Schicksals: Schicksalhafte Verbindung, mal oben / mal unten sein, Achterbahngefühle, die Zeit ist reif, Neues beginnt.

11 - Gerechtigkeit: Geben und Nehmen im Gleichgewicht, Ehevertrag, Scheidungsurteil, fair = ehrlich zueinander.

12 - Der Gehängte: Stillstand, ruhige Phase, passive Liebe, Sackgasse, umdenken, alles auf den Kopf stellen – es mal anders versuchen.

13 - Tod: Totgelaufen, Ende einer Phase, loslassen, Abschied.

14 - Mäßigkeit: Sehr viele Gefühle fließen, im Einklang sein, gesundes Verhältnis, Harmonie, sehr friedlich.

15 - Der Teufel: Verführung, abhängig vom anderen sein, Machtkampf, Misstrauen, Eifersucht, übertriebene Leidenschaft.

16 - Der Turm: Plötzliche Trennung, etwas bricht zusammen und reinigt sich dann, beengte Verhältnisse, Beziehungskrieg.

17 - Der Stern: Große (aussichtsreiche) Liebe, selbstlose Hingabe, glückliche Zukunft, Liebe unter einem guten Stern.

18 - Der Mond: Angst, Eifersucht, unsicher, sehr empfindlich.

19 - Die Sonne: Schöne Zeit, sorglos sein, Ausstrahlung, Wärme, Hingabe, Geburt, Neubeginn.

20 - Gericht: Vergangenheit bearbeiten, sich befreien, wach geworden, Neues beginnt oder auch Wiedervereinigung.

21 - Die Welt: Glück, Erfolg, seine große Liebe gefunden, Harmonie, lebendige Beziehung, Lebensgemeinschaft.

Schwerter:

As der Schwerter: Klärendes Gespräch, Chance auf Neubeginn, kluge Entscheidung.

2 Schwerter: Mangelndes Vertrauen, Zweifel, Spannungen.

3 Schwerter: Liebeskummer, Enttäuschung, Streit, Trennung.

4 Schwerter: Stillstand, Auszeit, Vereinsamung, Zurückhaltung.

5 Schwerter: Beziehungskrieg, Feindschaft, man wird ausgenutzt, scheitern, sich von demütigenden Beziehungen distanzieren.

6 Schwerter: Abschied, sich auf Neues einlassen, es wird ruhiger.

7 Schwerter: Verlogen, Fremdgehen, Flucht vor Klärung.

8 Schwerter: Hemmungen, Bedürfnisse verdrängen, eingeengt, wegsehen.

9 Schwerter: Kummer, schlechtes Gewissen, Verlassenheit.

10 Schwerter: Gewaltsam oder schmerzhaft Schluss machen, Trennung, Partner fällt einem in den Rücken, verletzt.

Bube der Schwerter: Sich aussprechen, Krise, Streit, Neuanfang.

Ritter der Schwerter: Eiszeit, herzlos, aggressive Auseinandersetzung.

König der Schwerter: Der Partner ist schwierig oder es geht um den Ex. Man selbst zeigt sich kühl und klug. Pläne schmieden und diese dann umsetzen. Eine kluge Entscheidung treffen und dabei mehr auf den Kopf als auf das Herz hören.

Königin der Schwerter: Die Partnerin ist schwierig oder es geht um die Ex. Man selbst zeigt sich cool oder kühl. Es geht um ein selbstbewusstes Auftreten und Erfahrungen nutzen und sich für Ideen und Konzepte von anderen öffnen. Klug entscheiden, für Klarheit sorgen.

Stäbe:

As der Stäbe: Chance auf Entfaltung, Lebendigkeit, Wachstum.

2 Stäbe: Nebeneinander her leben, fehlende Bereitschaft, leidenschaftslos, gleichgültig, halbherzig, unentschlossen.

3 Stäbe: Sicher, gute Basis und positive Weiterentwicklung.

4 Stäbe: Offenheit, Geborgenheit, aufeinander zugehen, sich freuen, genießen, sehr harmonisch, friedlich.

5 Stäbe: Lebendigkeit, Herausforderung, zusammenraufen, sich aneinander reiben.

6 Stäbe: Gute Nachrichten, Probleme lösen sich, sehr positiv, am Ziel sein, Eroberung.

7 Stäbe: Bedrohung der Beziehung durch Dritte, Eifersucht, Neid, Streit, angegriffen werden, um die Beziehung kämpfen.

8 Stäbe: Lebendigkeit, viel Energie und Bewegung, neuer Schwung, Überraschungen, Begegnung mit neuen Menschen.

9 Stäbe: Angst vor erneuter Verletzung, unnahbar, Skepsis.

10 Stäbe: Überforderung, Bedrückung, Belastung, Krise, Stress, sich allein gelassen fühlen.

Bube der Stäbe: Spannende Zeit, heiße Affäre, neuer Liebhaber, Jugendliebe, erfrischender Impuls.

Ritter der Stäbe: Heiße lustvolle Phase = heißblütig, Abenteuer, Strohfeuer, Leidenschaft, aufregende Zeit.

König der Stäbe: Der Partner ist stolz, selbstbewusst, temperamentvoll. Oder man hat es mit einem unverheirateten, jüngeren oder temperamentvollen Mann zu tun. Oder Partner/in begeistern, motivieren, neuen Schwung in die Beziehung bringen. Leidenschaft, Temperament und Unternehmungslust einsetzen, aber auch mal ungeduldig mit dem anderen sein.

Königin der Stäbe: Die Partnerin ist stolz, selbstbewusst, temperamentvoll und möchte sich bei Unternehmungen mitreißen lassen. Oder man hat es mit einer unverheirateten, jüngeren oder temperamentvollen Frau zu tun. Oder sich selbst vom Partner/in (ggf. anderen Leuten) begeistern lassen und leidenschaftlich sein. Stolz sein, Unternehmungslust und auch Risikobereitschaft zeigen.

Kelche:

As der Kelche: Chance auf die große Liebe, glücklich, tiefe Gefühle.

2 Kelche: Sich neu verlieben oder verliebt sein, versöhnen.

3 Kelche: Liebesglück, schöne Zeit, Hochzeit, Mutterschaft.

4 Kelche: Beleidigt, schmollen, Unlust, sich einer Versöhnung verschließen, Langeweile, Chance nicht sehen.

5 Kelche: Liebeskummer, Enttäuschung, allein sein, Verlustangst, schmerzhafte Erfahrung, einer Liebe nachtrauern.

6 Kelche: Einer alten Liebe wiederbegegnen, in Erinnerungen schwelgen, sehr vertraut sein – sich gut kennen, Altersunterschied.

7 Kelche: Schwärmerei, rosarote Brille, wie im Rausch sein.

8 Kelche: Trennung, eigenen Weg gehen, einer ungewissen Zukunft entgegengehen.

9 Kelche: Gemeinsam das Leben genießen, Herzlichkeit, Glück in der Liebe.

10 Kelche: Verlobung, Heirat, Familie gründen oder familiäres Glück, Harmonie, erfüllt sein, glücklich, tiefe Liebe.

Bube der Kelche: Sich verlieben, Heiratsantrag, liebevolle Geste.

Ritter der Kelche: Liebe, Harmonie, Geborgenheit, Freude, inneres Verstehen, glücklich und verliebt sein.

König der Kelche: Der Partner (oder ein Mann, mit dem man zu tun hat) ist sehr liebevoll, romantisch, hingebungsvoll, verträumt, versöhnlich. Man selbst zeigt sich versöhnlich, liebevoll, romantisch, offen und sanft.

Königin der Kelche: Die Partnerin (oder eine Frau, mit der man zu tun hat) ist sehr liebevoll, mitfühlend, hingebungsvoll, verträumt, versöhnlich. Man selbst zeigt sich versöhnlich, liebevoll, romantisch, offen und sanft.

Münzen:

As der Münzen: Glück, Stabilität, Sicherheit in der Liebe, Chance oder Beginn einer wertvollen Partnerschaft.

2 Münzen: Schwankungen, lockere Einstellung, unbeschwerte Zeit, neugierig und verspielt.

3 Münzen: Eine höhere (reifere) Ebene betreten, Stabilität, an der Liebe arbeiten – sie verschönern.

4 Münzen: Klammern, einengende Beziehung, Verlustangst.

5 Münzen: Krise, Härtetest, zu kurz kommen, sich ungeliebt fühlen, unsicher und verlassen, Rangunterschied der Partner.

6 Münzen: Schenken und beschenkt werden, verständnisvoll, sich unterstützen, im Gleichgewicht, tolerant, verlässlich, treu.

7 Münzen: Langsame Entwicklung einer erfüllenden Liebe, abwarten, Wachstum, Schwangerschaft.

8 Münzen: Neustart und sich gemeinsam etwas aufbauen, etwas Schritt für Schritt lösen, Neues ausprobieren.

9 Münzen: Glück in der Liebe, genießen, große Bereicherung.

10 Münzen: Familiengründung, Stabilität, Erfüllung, genießen, glücklich, Nestbau.

Bube der Münzen: Ehrlichkeit, bereichernd, hilfreicher Partner.

Ritter der Münzen: Vertrautheit, Treue, Sinnlichkeit, Beständigkeit.

König der Münzen: Der Partner / neuer Mann ist schon älter oder auch verheiratet oder hat Geld. Er ist treu. Ggf. wird der Mann Vater oder der Vater mischt sich in die Beziehung ein. Oder man ist realistisch, gutmütig, genießerisch, aber auch konsequent und tatkräftig. Langfristiges Denken und Handeln und die Beziehung absichern oder auch fester und verbindlicher machen.

Königin der Münzen: Die Partnerin / neue Frau ist schon älter oder auch verheiratet oder braucht materielle Sicherheiten. Sie ist treu und verlässlich. Ggf. wird die Frau Mutter oder die Mutter mischt sich in die Beziehung ein. Oder man braucht selbst die materielle Sicherheit, ist realistisch und verantwortungsvoll. Die Beziehung pflegen, bewahren, treu sein.

Übersicht Deutungen Beruf

0 (22) - Der Narr: Neuanfang, unerfahren, sich ausprobieren, offen sein.

1 - Der Magier: Viel Geschick und Talente, Meisterschaft, entschlossen.

2 - Die Hohepriesterin: Sich führen lassen, intuitive Fähigkeiten, Hingabe, helfen.

3 - Die Herrscherin: Kreative Aufgaben, gute Entwicklung, sich entfalten können, aussichtsreich, Abwechslung (Lebendigkeit).

4 - Der Herrscher: Verantwortungsbewusst, konsequent, sicher, Vorreiter.

5 - Der Hierophant (Hohepriester): Berufung, sinnvolle Aufgabe gefunden, vertrauensvoll sein, ein Vermittler / Berater sein, therapeutisch arbeiten.

6 - Die Liebenden: Sich entscheiden, mit ganzem Herz dabei sein.

7 - Der Wagen: Selbstständigkeit, neuen Weg gehen, neue Aufgaben, zuversichtlich, vorwärtskommen, eigenen Einsatz zeigen.

8 - Die Kraft: Engagement, Mut, viel Kraft und Energie.

9 - Der Eremit: Seinen eigenen Weg finden, innere Kraft, sich zurückziehen, ruhige Phase, Altes loslassen – Neues finden.

10 - Rad des Schicksals: Schicksalhafte Aufgaben / Veränderung, Berufung, lernen, Wechsel, instabil, wichtiger Zeitpunkt, neuer Zyklus beginnt.

11 - Gerechtigkeit: Fairness, sachlich beurteilen, selbstverantwortlich.

12 - Der Gehängte: Nichts los, passiv sein – nichts tun – arbeitslos sein, abwarten, festsitzen – Sackgasse, neue Erkenntnisse bekommen.

13 - Tod: Abschluss, Ende einer Phase, totgelaufen, Kündigung.

14 - Mäßigkeit: Mittelweg gehen, im Gleichgewicht, Geduld, Harmonie.

15 - Der Teufel: Verrat, Machtmissbrauch, abhängig sein, unterwürfig, Vorsicht Verlockungen = unsaubere Geschäfte.

16 - Der Turm: Kündigung, abspringen, plötzlicher Wechsel, Durchbruch.

17 - Der Stern: Zuversicht, aussichtsreiche Zukunft, Glück, beschützt.

18 - Der Mond: Angst, Lampenfieber, unsicher, der Intuition vertrauen.

19 - Die Sonne: Freude am Tun, glänzen, Erfolg, Glück, Zuversicht.

20 - Gericht: Erlösung oder eine Lösung finden, Neues beginnt, Berufung (Aufruf), handeln.

21 - Die Welt: Berufung, seine Aufgabe finden, von zu Hause aus arbeiten.

Schwerter:

As der Schwerter: Kluge Entscheidung, wichtige Erkenntnis, Problemlösung.

2 Schwerter: Zweifel über den weiteren Weg. Hin- und hergerissen sein.

3 Schwerter: Ein schmerzhafter Schritt, trübe Atmosphäre, Streit, Verletzungen, traurig sein, Kündigung.

4 Schwerter: Stillstand, arbeitslos, sich zurückziehen, Erschöpfung, Ohnmacht, verschobene Projekte, Sinnfindung.

5 Schwerter: Auseinandersetzung, Kritik, Mobbing, Machtkämpfe.

6 Schwerter: Abschied, sich auf Neues einlassen, es wird ruhiger.

7 Schwerter: Betrug, Intrige, Drückebergerei, Täuschung, unehrlich.

8 Schwerter: Vor Problemen die Augen verschließen, unangenehme Beschränkungen, Krise, Angst, Blockade.

9 Schwerter: Nachtschicht, schlaflose Nächte, Sorgen, Angst, Krise, Lampenfieber.

10 Schwerter: Kündigung, einen Schlussstrich ziehen, Ende einer Arbeit oder Aufgabe, es beenden oder abbrechen.

Bube der Schwerter: Kritik, Chance, etwas zu klären, Neuanfang.

Ritter der Schwerter: Stress, kampfbereit, Streit, schlechtes Arbeitsklima.

König der Schwerter: Der Chef, ein Kollege oder auch ein Kunde ist schwierig oder auch sehr klug, cool bzw. ein Experte, auf dessen Rat man hören sollte. Ggf. selbst der Experte sein oder zumindest selbstständig handeln. Aufgaben & Projekte planen und dann entschlossen und verantwortungsbewusst umsetzen. Angebote prüfen und eine sachliche Entscheidung treffen.

Königin der Schwerter: Die Chefin, eine Kollegin oder auch eine Kundin ist schwierig oder auch sehr klug, cool bzw. eine Expertin, auf deren Rat man hören sollte. Ggf. selbst die

Expertin sein oder zumindest selbstständig handeln. Erfahrungen nutzen und sich für Ideen und Konzepte von anderen öffnen. Angebote prüfen und eine sachliche Entscheidung treffen.

Stäbe:

As der Stäbe: Unternehmungslust, sich engagieren, Ehrgeiz, Motivation, herausfordernde Aufgaben, loslegen, neue Möglichkeiten.

2 Stäbe: Unentschlossen, zögern, mehrere Möglichkeiten abwägen, irgendwo dazwischenstehen, sich drücken.

3 Stäbe: Sicherer Arbeitsplatz, gute Perspektiven, Erfolg.

4 Stäbe: Neue Kontakte, offen sein, gutes Arbeitsklima, Sicherheit im Rücken, dazugehören, Freude.

5 Stäbe: Konkurrenzkampf, Kräftemessen, Herausforderung, Mut.

6 Stäbe: Erfolg, Anerkennung, einen Sieg erringen, gute Arbeit machen, gelobt werden, Beförderung.

7 Stäbe: Mobbing, Intrigen, Angriffe, man wird herausgefordert, den eigenen Standpunkt oder Position erfolgreich verteidigen.

8 Stäbe: Gute Nachrichten, schnelle Entwicklung, neuer Schwung, vieles geht leichter, Projekte kommen schnell in Gang.

9 Stäbe: Wachsam, sich bedroht fühlen, Erreichtes verteidigen.

10 Stäbe: Überlastung, alles allein machen wollen, zu viel Verantwortung tragen, schwierige Zielvorgaben oder Aufgaben.

Bube der Stäbe: Gute Chancen, neue Aufgabe, Motivationsschub.

Ritter der Stäbe: Hitzige Stimmung, Unternehmungslust, Risikofreude.

König der Stäbe: Mit einem Chef zu tun haben oder mit einem selbstbewussten Mann, der auch gern mal Risiken eingeht. Oder man stellt sich den beruflichen Herausforderungen und kommt schnell zur Sache. Aber auch Ungeduld. Risikofreudig, dynamisch, motiviert und man begeistert die anderen.

Königin der Stäbe: Mit einer Chefin zu tun haben oder mit einer selbstbewussten und unternehmungslustigen Frau, die auch gern mal Risiken eingeht. Oder sich durch Impulse von anderen motivieren, selbstständig und entschlossen handeln.

Kelche:

As der Kelche: Chance, die Berufung zu finden oder dass Aufgaben einen erfüllen, Glück, gutes Händchen haben, Anerkennung.

2 Kelche: Verständnis, guter Teamgeist, sich mit anderen zusammentun, sich verbinden, willkommen sein, kooperieren.

3 Kelche: Freude an der Arbeit, Teamgeist, zufrieden, Beförderung.

4 Kelche: Frust, Trotz, verärgert, passiv sein, Chance verpassen.

5 Kelche: Versagen, Verlustangst, Sorgen, unglückliche Zeit.

6 Kelche: Sich an Wünsche und Ziele von damals erinnern, alte Projekte oder alte Kontakte wieder aufgreifen.

7 Kelche: Viele Ideen – jedoch keine umsetzen, Scheingeschäfte.

8 Kelche: Kündigung, Umstellung, Beginn einer ungewissen Phase.

9 Kelche: Gemeinsame Projekte, Grund zum Feiern, Teamgeist, Freude an der Arbeit, gute Zukunftsaussichten.

10 Kelche: Teamarbeit, gutes Arbeitsklima, am Ziel sein.

Bube der Kelche: Anerkennung, Lob, freundliche Unterstützung, Freude.

Ritter der Kelche: Harmonie, gute Stimmung, Arbeit macht Freude, entspanntes, friedliches Betriebsklima.

König der Kelche: Mit einem sympathischen, hilfsbereiten Mann zu tun haben. Er zeigt Verständnis und ist sehr intuitiv. Oder bei Projekten & Aufgaben der Intuition vertrauen. Man ist freundlich, hilfsbereit, offen und sehr verständnisvoll anderen gegenüber.

Königin der Kelche: Mit einer hilfsbereiten, sympathischen Frau zu tun haben. Sie zeigt Verständnis und ist sehr intuitiv. Oder bei Projekten & Aufgaben der Intuition vertrauen oder die Fantasie mal mit reinnehmen.
Man ist hilfsbereit, offen und sehr verständnisvoll anderen gegenüber.

Münzen:

As der Münzen: Gute Chance, viel Geld zu verdienen oder einen Job zu finden, Anerkennung, Stabilität, Erfolg.

2 Münzen: Mehrere Jobs, locker sein, risikobereit, flexibel.

3 Münzen: Beförderung, sich beweisen, sich verbessern, eine Arbeit bekommen, Ende einer Ausbildung – Prüfung.

4 Münzen: Verlustangst, Geiz, Starrheit, festhalten an alten Dingen, Sicherheit zulasten der Lebendigkeit / Beweglichkeit.

5 Münzen: Mangel, Durststrecke, schlechte Bezahlung / Ergebnisse, unsicherer Arbeitsplatz, Aushilfsjob, sich ausgeschlossen fühlen.

6 Münzen: Unterstützung bekommen oder geben, Hilfe, Förderung, lohnende Projekte, gutes Geld verdienen, Prämie erhalten.

7 Münzen: Geduld bringt gute Ergebnisse, die heranreifen, langsamer Fortschritt, Ausdauer bewahren.

8 Münzen: Ausbildung, Neustart, in der Aufbauphase sein, es ist noch einiges zu lernen – doch es lohnt sich auch langfristig.

9 Münzen: Gute Gelegenheit, Gewinne, gutes Händchen haben, Erfolg, Beförderung, Gehaltserhöhung, Glück.

10 Münzen: Sicherer Arbeitsplatz, gute Projekte, Erfolg.

Bube der Münzen: Solider Vorschlag, gutes Angebot, Chance auf Geld, Hilfe.

Ritter der Münzen: Solide Geschäfte, Wertvolles erreichen, sicherer Arbeitsplatz, vertrautes Betriebsklima.

König der Münzen: Mit einem älteren oder gut versorgten Mann zu tun haben. Tatkräftige Arbeit oder dabei sehr fleißig und geschäftstüchtig sein. Man hat ein gutes Händchen für die Finanzen, bleibt dabei bodenständig und realistisch. Ergebnisse absichern und langfristig denken. Ggf. Arbeit, bei der man mit Geld zu tun hat.

Königin der Münzen: Mit einer älteren oder gut versorgten Frau zu tun haben. Ggf. braucht eine Kundin, Kollegin oder man selbst mehr Sicherheiten. Praktische Arbeit oder dabei sehr fleißig und sorgsam sein. Ggf. Arbeit im Pflegebereich oder wo man mit Geld zu tun hat.

Übersicht Deutungen Finanzen

0 (22) - Der Narr: Sorglose Zeit und sich keine Gedanken ums Geld machen. Es locker sehen bzw. kann das Geld auch locker sitzen und man neigt zu leichtfertigen Ausgaben oder geht naiv mit dem Geld um.

1 - Der Magier: Talent, mit dem Geld richtig umzugehen und finanzieller Erfolg = Gewinne.

2 - Die Hohepriesterin: Anderen finanziell unter die Arme greifen oder gutes Gespür in Geldangelegenheiten haben. Vielleicht auch ein Geheimnis um seinen Besitz, das Geld machen.

3 - Die Herrscherin: Durch Kreativität zu Geld und Vermögen kommen. Wachstum, es entwickelt sich gut.

4 - Der Herrscher: Die Finanzen ordnen bzw. braucht man hier eine gewisse Struktur / Sicherheit, sichere Einnahmen und den Überblick. Auch seinen finanziellen Verpflichtungen immer nachkommen, die Verantwortung darin erkennen. Sich bei Ausgaben im Griff haben, diszipliniert sein.

5 - Der Hierophant (Hohepriester): Seinen finanziellen Überzeugungen treu bleiben, es für sinnvolle Sachen ausgeben oder auch seinen Besitz beschützen. Finanziell gut dastehen.

6 - Die Liebenden: Finanzielle Entscheidungen aus dem Gefühl heraus treffen, vielleicht für Herzensprojekte ausgeben.

7 - Der Wagen: Sein eigenes Geld haben, allein darüber bestimmen. Auch neue Einnahmequellen sind möglich, wenn man bereit ist, etwas dafür zu tun.

8 - Die Kraft: Die Finanzen in den Griff bekommen, ggf. sich auch anderen gegenüber durchsetzen, stark sein.

9 - Der Eremit: Innere Ressourcen nutzen, um klare Entscheidungen zu treffen oder wie es finanziell weitergehen soll. Allein zurechtkommen.

10 - Rad des Schicksals: Ein Auf und Ab, die Einnahmen sind recht schwankend oder es gibt auch schicksalhafte Veränderungen.

11 - Gerechtigkeit: Selbst dafür verantwortlich sein und gut überlegt entscheiden. Ausgewogenheit bzw. finanziell im Gleichgewicht sein = Ausgaben und Einnahmen im richtigen Verhältnis / der Balance.

12 - Der Gehängte: Ruhige Phase bzw. Stillstände in den Einnahmen. Ein Verändern des Blickwinkels könnte neue Möglichkeiten bringen.

13 - Tod: Abschlusszahlung, Abfindung erhalten oder von gewissen Geldeinnahmen Abschied nehmen, da dort nichts mehr kommt. Trotzdem nach vorn schauen.

14 - Mäßigkeit: Noch etwas Geduld haben, es kommt ins Fließen, rechtes Maß = Ausgaben und Einnahmen im Gleichgewicht. Ein gutes Verhältnis zum Geld und gute Entwicklung.

15 - Der Teufel: Finanziell von jemandem abhängig sein oder andere von einem abhängig machen und dann selbst der Teufel sein. Auch Aufpassen vor Betrug und Verrat bei Geldangelegenheiten / dem Geldanlegen. Ggf. Verlockungen, die Geld kosten.

16 - Der Turm: Ein finanzieller Durchbruch oder man kann sich von Belastungen befreien. Schulden bezahlen. Aber auch durchaus ein Wechsel, wo plötzlich Besitz und Geld zerstört werden und man dann weniger hat und neu anfangen muss.

17 - Der Stern: Man steht finanziell gut da und kann auch anderen etwas vom Geld und Besitz abgeben, teilen. Erfolg und Glück in finanziellen Dingen.

18 - Der Mond: Finanziell könnte es eng und unsicher sein, wo man jetzt aber durchmuss, damit es wieder besser wird. Sich den finanziellen Ängsten stellen und auf die Intuition achten.

19 - Die Sonne: Gutes Geld haben oder es wird bald sonniger werden. Erfolg und auch Zuversicht beim Geld, man kann sorglos sein und sich an seinem Besitz, dem Geld erfreuen.

20 - Gericht: Verlegtes oder verlorenes Geld taucht wieder auf. Man kann bei einer finanziellen Angelegenheit eine Lösung finden und wieder handeln. Sich auch von Besitz befreien, loslassen, um Veränderungen zu ermöglichen.

21 - Die Welt: Glück, Erfolg und mit seinem Besitz / Geld zufrieden sein. Seine Ziele erreicht haben.

Schwerter:

As der Schwerter: Chance, etwas zu klären und zu entscheiden.

2 Schwerter: Entscheidungsunfähig, Verzweiflung, Zögern und Stillstand.

3 Schwerter: Schwere Entscheidung, auf etwas verzichten.

4 Schwerter: Geduld haben, es stagniert. Ruhephase.

5 Schwerter: Niederlagen überwinden oder aber auf eigene Kosten (teuer) gewinnen.

6 Schwerter: Sich helfen lassen, offen für Neues sein, dann kann auch eine Veränderung kommen.

7 Schwerter: Jemanden betrügen, bestehlen oder selbst betrogen werden. Auf den Besitz besser aufpassen. Vor finanzieller Verantwortung will man sich drücken, davonstehlen.

8 Schwerter: Finanzielle Durststrecke und daher in der Krise sein, Angst haben, verzichten müssen und sich in der Situation gefangen fühlen.

9 Schwerter: Sich Sorgen machen, Angst haben und verzweifelt sein.

10 Schwerter: Geldhahn wird zugedreht, nichts mehr bekommen und am Boden liegen und darüber verletzt sein. Jemand beutet einen aus, bis nichts mehr da ist.

Bube der Schwerter: Neuanfang, Klarheit, durch Kritik zu einer klugen Erkenntnis kommen.

Ritter der Schwerter: Schnelle Entscheidung zur Veränderung. Unruhige Zeit, jemand rauscht rein und macht Chaos.

König der Schwerter: Mit einem klugen oder schwierigen Mann zu tun haben oder auf den Rat eines Experten hören. Verantwortung übernehmen, entschlossen handeln und dabei mehr auf den Kopf hören und sachlich bleiben.

Königin der Schwerter: Mit einer klugen oder schwierigen Frau zu tun haben oder auf den Rat einer Expertin hören. Sich für Ideen und Konzepte von anderen öffnen. Für Klarheit sorgen, alles gut durchdenken. Interessiert zeigen und clever vorgehen.

Stäbe:

As der Stäbe: Chance nutzen und sich entfalten. Loslegen, damit Geld kommen kann.

2 Stäbe: Geld und Besitz sind einem im Grunde egal oder man will sich vor Entscheidungen drücken und erst mal alles genau abwägen, wodurch aber auch Möglichkeiten im Sande verlaufen können, weil man eben nichts tut.

3 Stäbe: Eine gute und sichere Basis im Hinblick auf Geld haben. Es kann sich alles gut weiterentwickeln. Wachstum, Erfolg.

4 Stäbe: Sicheres Geld als Rücklage haben und sich über die Finanzen freuen und den Besitz genießen.

5 Stäbe: Finanzelle Herausforderungen oder sich bei einem Angebot gegenüber dem Wettbewerb durchsetzen bzw. mithalten können, sich beweisen.

6 Stäbe: Auf dem Erfolgsweg, es entwickelt sich sehr positiv bzw. kann man auch Geld gewinnen.

7 Stäbe: Den eigenen Standpunkt verteidigen, Herausforderung, Bedrohung, Angriff, sich durchsetzen.

8 Stäbe: Schnelle und positive Entwicklung, viel Bewegung, ungehinderte Entfaltung.

9 Stäbe: Sich Veränderungen verschließen. Auf der Hut sein, nichts an sich heranlassen.

10 Stäbe: Finanzsituation belastet oder macht einem Stress. Sich überlasten, wenn man alles allein schaffen will.

Bube der Stäbe: Neue Möglichkeiten, Unterstützung finden.

Ritter der Stäbe: Voreiligkeit, Risikofreude, schnelles Handeln, Bewegung, Veränderung.

König der Stäbe: Mit einem jüngeren, selbstbewussten, temperamentvollen Mann zu tun haben. Oder mit Tatenkraft, Dynamik und Willen zupacken und andere gleich mit motivieren und begeistern. Selbstständigkeit.

Königin der Stäbe: Mit einer jüngeren oder selbstbewussten, temperamentvollen Frau zu tun haben. Oder optimistisch sein und sich durch die Tatenkraft von anderen mitreißen lassen und dabei auch mal Risiken eingehen. Selbstständigkeit.

Kelche:

As der Kelche: Chance auf Glück, Frieden und Erfüllung.

2 Kelche: Etwas gemeinsam machen, wechselseitiges Geben und Nehmen, sich austauschen, finanzielle Partnerschaft.

3 Kelche: Sich über Erreichtes freuen und dankbar sein. Man möchte feiern.

4 Kelche: Gute Chancen verpassen. Stillstand.

5 Kelche: Etwas geht schief, enttäuscht sein, keine Möglichkeiten sehen, obwohl welche da sind.

6 Kelche: Sich an alte Pläne erinnern, alte Kontakte, Erfahrungen nutzen.

7 Kelche: Zu viele Wünsche / Träume – sich nur einen wichtigen davon aussuchen und diesen verwirklichen.

8 Kelche: Abschied von der bisherigen Lebensweise und Suche nach Neuem.

9 Kelche: Gute Zeit, genießen, etwas erreicht haben.

10 Kelche: Mit anderen den Besitz genießen und gemeinsam Freude am Geld haben.

Bube der Kelche: Unterstützung, Chance auf Glück.

Ritter der Kelche: Harmonische friedliche Phase, Freude, Glück.

König der Kelche: Mit einem liebevollen und hilfsbereiten Mann zu tun haben. Oder auf sein eigenes Gespür vertrauen und selbst hilfsbereit, offen und verständnisvoll sein. Gute Intuition.

Königin der Kelche: Mit einer liebevollen und hilfsbereiten Frau zu tun haben. Oder auf sein eigenes Gespür vertrauen und selbst hilfsbereit, offen und verständnisvoll sein. Gute Intuition.

Münzen:

As der Münzen: Chance auf gutes Ergebnis nutzen, Erfolg.

2 Münzen: Mit den Möglichkeiten spielen, bevor man sich entscheidet. Unverbindlich sein und es leichtnehmen.

3 Münzen: Fortschritt, Wachstum, sich verbessern.

4 Münzen: Unbeweglich sein, hamstern, Verlustangst.

5 Münzen: Entbehrung, finanzieller Engpass, Härtetest.

6 Münzen: Geben und Nehmen im Gleichgewicht, teilen. Es lohnt sich, Unterstützung, Geschenke.

7 Münzen: Reifungsphase, abwarten, dann wird es ein gutes Ergebnis bringen.

8 Münzen: Es ist noch viel zu lernen, doch es lohnt sich, am Ball bleiben und einen dauerhaften Erfolg sicherstellen.

9 Münzen: Im richtigen Moment zufassen, Gewinn, Erfolg und auch sicheres Geld (gut abgesichert).

10 Münzen: Feste Grundlage, Sicherheit, Erfolg, Glück und zufrieden damit, den Wohlstand genießen können.

Bube der Münzen: Wertvoller Impuls, attraktive Chance, Unterstützung bekommen.

Ritter der Münzen: Wertvolles erreichen, Sicherheit und stabile Entwicklung. Es lohnt sich, jetzt zuzupacken. Hilfe bekommen, neue Festigkeit.

König der Münzen: Mit einem älteren oder verheirateten Mann zu tun haben. Es geschickt handhaben und Erreichtes absichern oder auf Langfristigkeit bauen. Gesunden Realitätssinn einsetzen. Mehr auf den langfristigen Gewinn setzen.

Königin der Münzen: Mit einer älteren oder verheirateten Frau zu tun haben. Es geschickt handhaben. Verantwortung übernehmen, verlässlich sein. Bodenständig bleiben. Zuverlässigkeit, auf Sicherheiten achten, sachlich bleiben.